まえがき

社会のことを知るために、社会学を学ぼうと思うのなら、本書はまさに打って付けである。古典から近年の議論に至るまで、社会学の一〇〇の重要キーワードを概説した本書は、社会学という学問のあらましを把握するのに十分であると思う。『本当にわかる社会学』という表題は伊達ではないとすら思う。

にもかかわらず、このことは、残念ながら、本書が社会を知るために「打って付け」である理由にはならない。くどいようだが、本書を読めば、社会学という学問のおよそのことはわかることだろう。でも、あなたが知りたい社会の現実が、そこから見えてくる保証はどこにもない。いやむしろ、社会学という学問のあらましを知ることによって、社会とは何であるのか、余計にわからなくなることすらあるだろう。

こうもいおう。本書を読んで、社会とはそういうものかと思ってはいけない、と。社会はもっと広く、ずっと深い。

驚くことなかれ。本書が「打って付け」なのは、まさにこの点においてである。「社会のことを知るために、社会学を学ぶ」という道が、実は迷路以外の何物でもないということを、あなたは本書を通じて知ることになるだろう。

しかし、それでよいのだ。

それがわかってはじめて、社会はあなたの理解を求めて、あなたの前に現われる。社会の現実は社会学の中にはなく、反対に社会の現実の中にこそ、社会学はあるのだということを、本書は教えてくれるはずである。社会学者はみな社会の現実の中に生きており、生まれ育った時代の感性に従い、ときに抗い、生きた時代を評価してきたのである。もちろん、社会学の研究の中には、社会の一片を見事に捉えたものもある。とはいえ、それが社会のすべてではないことは間違いないし、そうした片鱗を集めれば、社会の全体がわかるというものでもない。なぜなら、社会は一時も止まってはいないからだ。だから、社会を知ることと、社会学を学ぶことは、一直線上にはないのである。その意味では、社会は常にすでに、あなたの理解とともにあるということができるだろう。社会学者もまた社会的現実の一部であるという意味では、社会を捉えることは、社会学者だけの領分ではないのである。

覚えておくとよい。社会学という学問は、社会の姿を捉えたと主張する、数多くの矛盾した、極めて精緻な研究の積み重ねであるということを。

二〇一〇年四月

現代位相研究所　一同

もくじ

フシギなくらい見えてくる！
本当にわかる社会学

まえがき

第1章 個人と集団 ― 人は一人では生きていけない

001 社会を科学する方法……012
002 「二人」と「三人」は大違い……014
003 まぼろしの公衆……016
004 所属するだけが能じゃない……018
005 仲よくするには敵をつくれ……020
006 関係性の変質……022
007 個人主義と連帯感……024
008 「この社会は正常です」……026
009 孤独な群衆……028
010 自分が自分であるために……030
◉ 参考文献……032

第2章 家族と教育――教育は誰のためにあるのか

011 日本の「家」は特殊なのか？……034
012 家族って何？……036
013 どれが私の生きる道？……038
014 男らしさ／女らしさ……040
015 かつて子どもはいなかった……042
016 もう一人の「私」……044
017 「みんな」って誰？……046
018 ホモ・ソシオロジクス……048
019 身体化された歴史……050
020 教われども学ばず……052
◉参考文献……054

第3章 労働と消費――働くことは消費することである

021 労働の本質……056
022 儲ける者は救われる……058
023 人間の条件……060
024 幸せの測り方……062
025 強制から共生へ……064
026 商品としての真心……066
027 経済を越える経済学……068
028 不器用な人には価値がない……070

029 意味を買い、モノを消費する社会 072
030 何でもマニュアル化 074
◉ 参考文献 076

第4章 都市と犯罪——都市は実験室である

031 都市は未来を志向する 078
032 共にあることと共にすること 080
033 資本としての人間関係 082
034 実験室としての都市 084
035 無関心こそがマナー 086
036 決めつける暴力 088
037 犯罪があるのは健康の証？ 090
038 人生をまるごとサポート 092
039 安全・安心のためならば？ 094
040 不安と排除の連鎖 096
◉ 参考文献 098

第5章 政治と権力——政治とは日々の振る舞いである

041 服従の理由 …… 100
042 無機質な効率性 …… 102
043 自由に耐えられない人々 …… 104
044 すべては権力、だからこそ! …… 106
045 心の中の管理人 …… 108
046 よりよく生かす権力 …… 110
047 ネットの秩序から考える民主主義 …… 112
048 マスメディアの力 …… 114
049 新たな価値を切り開く …… 116
050 民主主義を問い直す …… 118
◉参考文献 …… 120

第6章 宗教と文化——前提なしでは生きられない

051 「日常」の条件 …… 122
052 贈り物の深い意味 …… 124
053 未開社会を理解する …… 126
054 社会の根底にあるもの …… 128
055 「怪しげ」な領域の発見 …… 130
056 人種のるつぼを超えて …… 132
057 境界線上から見えるもの …… 134
058 神なき宗教 …… 136

059 複製技術の功罪……138
060 メディアはメッセージである……140
◉ 参考文献……142

第7章 歴史と近代 ——現代とはいかなる時代か

061 封建制は終わったか……144
062 イデオロギーを乗り越える……146
063 語り継がれる複数の歴史……148
064 伝統=古いもの、とは限らない……150
065 理性は野蛮である……152
066 魔法にかかった近代人……154
067 大きな物語の終焉……156
068 自由に翻弄される時代……158
069 問い直された近代……160
070 もはや社会のどこにも逃げ場はない……162
◉ 参考文献……164

第8章 グローバリゼーションと国家——世界は生き残れるか

071 脱空間化する世界……166
072 都市は転生する……168
073 まなざしが社会を変える……170
074 「世界＝経済」のシステム……172
075 見えざる暴力……174
076 偏見なき異文化理解は可能か……176
077 創られた「われわれ意識」……178
078 強力な国家とは何か……180
079 社会を支える国家……182
080 〈帝国〉の支配に抗して……184
◉ 参考文献……186

第9章 理論とモデル①——日常的な行為が可能にするもの

081 秩序はいかにして可能か……188
082 願えば叶う？……190
083 人生ゲームの攻略法……192
084 こんなはずじゃなかった……194
085 矛盾との付き合い方……196
086 「当たり前」のことは当たり前ではない……198
087 人生はドラマだ……200
088 紛れもない現実……202

089 日常生活に満ちた暗黙のルール……204
090 社会を知る方法……206
◉参考文献……208

第10章 理論とモデル② ——日常的な行為を可能にするもの

091 学問の仕方を考える学問……210
092 意味ない行為なんてない……212
093 一種独特の実在……214
094 新しい方法基準……216
095 社会学に社会は見えているか……218
096 社会存続の条件……220
097 中心なき世界……222
098 啓蒙を問い直す……224
099 話せばわかる……226
100 貨幣と権力の時代……228
◉参考文献……230

あとがき
さくいん

カバーデザイン◎モウリ・マサト
カバーイラスト◎ネモト円筆
本文DTP◎ムーブ（徳永裕美）

【凡　例】

一　本書は、わかりやすさ、扱いやすさを念頭に、一〇のテーマから一〇〇のキーワードを選出し、概説したものを共著の形で刊行するものである。なお、概説にあたっては、概念の発案者の著作を参考にしたが、既刊の社会学辞典等も参照した。参照した主な既刊書は以下の通りである。

・『岩波社会思想事典』今村仁司・三島憲一・川崎修編著、岩波書店、二〇〇八年
・『新社会学辞典』森岡清美・塩原勉・本間康平編、有斐閣、一九九三年
・『社会学 第五版』アンソニー・ギデンズ著、松尾精文ほか訳、而立書房、二〇〇九年

二　編集にあたって、単行本としての統一の観点から表記を以下のようにした。

・専門用語の表記は、流通・定着している表現に準じた
・人名の表記についても、流通・定着している表現に準じた
・解説対象のキーワードに直接的に関連する概念は、カギカッコをつけ太字に、また間接的に関わる概念は太字とした

第1章 個人と集団

人は一人では生きていけない

友情の釣り合い。——われわれと或る他人との関係では、自分のほうの秤の皿にほんの小量の不当をのせると、友情の正当な釣り合いのもどってくることがよくある。

（ニーチェ『人間的、あまりに人間的1』ちくま学芸文庫p．312）

個人と集団
001

社会を科学する方法

▼方法論的個人主義と方法論的集団主義

社会学は社会を扱う学問である。何も知らない人でも、それくらいは想像できるだろう。しかし、社会をどう考え、どう研究していくかという問題は、社会学の成立当初からずっと議論されてきた。それには大きく分けると二つの立場があり、それぞれ「**方法論的個人主義**」と「**方法論的集団主義**」と呼ばれている。

方法論的個人主義は、個人を起点に社会を考えていこうとする。雑駁にいえば、個人の意思決定の集積が社会を形成する、という考え方で、極端なものには、社会は存在せず、存在するのはただ個人の集合だけだ、とするものもある（**社会唯名論**）。個々人の行為に注目し、その動機を理解することで、制度や組織の成立過程を究明するのがこの立場だ。有名なのは**マックス・ヴェーバー**の**理解社会学**である。

ヴェーバーは、社会的事象を説明するには、外面的な因果関係を捉えるだけでは不十分で、行為者にとっての意味や動機が問われなければならないと考えた。ヴェーバーは、主観的な意味が伴う行為のうち、他者の存在との関わりでなされる行為を**社会的行為**と呼んで、これを社会学の研究対象とした。たとえば、誰にも見せない

一口メモ

マックス・ヴェーバー（Max Weber　1864～1920）　ドイツの代表的社会学者。当初、法学、経済史の研究者としてスタートしたが、社会科学の価値自由、理念型の概念を提唱。また、世界宗教の経済倫理と合理化との関係を明らかにし、理解社会学を確立した。

一口メモ

エミール・デュルケム（Émile Durkheim　1858～1917）　フランスの代表的な社会学者。個人を超えた集合的な社会の存在を前提し、それを社会学の対象とした。社会学の機関紙『社会学年報』を創刊、多数の弟子を育成して、いわゆるデュルケム学派を形成した。

日記とは違い、同じ日記でも、公開のブログなどは社会的行為に当たる。

これに対して方法論的集団主義は、個人を超えた社会が実在していることを前提に、社会を考えていこうとする（**社会実在論**）。方法論的個人主義とは反対に、一つの有機体としての社会が個々人の行為や考え方に作用すると考えるわけである。この立場の代表としては**エミール・デュルケム**が挙げられる。デュルケムは個人の外にあって個人を拘束する、集団に共有された行動・思考様式を社会的事実と呼んで、これを研究するのが社会学であるとした。

極端な社会唯名論を除けば、社会学は基本的に、社会は個々人の集まり以上のものだという考えを前提にしている。というのも、単なる個々人の集まりであれば、一人ひとりを心理学的に研究すればそれでよいことになるからだ。社会的事実に注目するデュルケムは、それゆえ心理学的社会学の立場をとった**ガブリエル・タルド**と多岐にわたる論争を繰り広げた。しかし唯名論の立場をとるタルドも、メディアによって結びつき討議を行なう**公衆**を論じるなど、個人を圧倒する集団の力を否定したわけではなかった。つまるところ、彼らの論争の焦点は、個人の集まり以上である社会を考えるにあたって、その起点を個人に置くのか、それとも個人に影響を与える社会それ自体に置くのか、ということであったのである。

社会学は、方法論的個人主義と方法論的集団主義の二つの立場を融合させる理論を模索しながら、発展しているということができるだろう。

「二人」と「三人」は大違い

▼三者関係

社会は一人の人間だけでは成立しない。少なくとも二人の人間がいなければ、およそ社会（学）的な事柄が問題になることはない。そうすると、社会とは何かを考える場合、もっともシンプルなモデルは、二人の人間の関係・相互作用（二者関係）ということになるだろう。そして、このシンプルなモデルに登場するのが二人から三人になったところで何ら有意義な違いはないように思われるかもしれない。

しかし、ドイツの社会学者**ゲオルク・ジンメル**は、社会（集団）を考える際には、二人の人間ではなく、最低三人の人間同士の関係にも注目する必要があると主張した。彼は、二者関係と「**三者関係**」（三者以上の関係）とでは、その関係の質がまったく異なってくるという。たとえば、夫婦（二者関係）に子供が生まれて三者関係になる場合、もともとの二者関係は、そのままの形で継続されるわけではない。三者関係の中では、二者関係にはない「**分離**」と「**結合**」という二面的な関係が生じるのである。つまり、夫婦だけの濃密な二者関係が不可能になる（分離）と同時に、子供を介して三者の間で新たな結合が生じることになるのだ。ジンメルは、こ

一口メモ

ゲオルク・ジンメル（Georg Simmel　1858～1918）　ドイツの社会学者、哲学者。社会学だけでなく、哲学、論理学、倫理学と多方面に活躍。なかでも、「形式社会学」の提唱者としてすぐれた功績を残す。相互作用の中から社会が形成されてくる過程を重視し、「ミクロ社会学」とも呼ばれる。

うしたいわば「分離による結合」という事態は、大都市の日常生活にも見られるという。すなわち、大都市で出会う人すべてと濃密な結合を保とうとすることは苦痛の末の関係破綻をもたらすが、皆が一定の無関心（分離）を維持する限りで、むしろ他人との結合が可能となる、というわけである。ジンメルによると、「個人的自由」が大都市においてこそ流布し得るのも、こうした分離による結合のおかげなのである。

それだけではない。二者関係が「私」と「私」との関係（個人と個人との関係）以上のものではないのに対して、そこにもう一人が加わると、「あの人」と「私たち」、あるいは「私」と「あの人たち」といった関係が生じることになる。つまり、三者関係では個人と集団との関係という問題が生じているのである。ここではじめて、集団がある種個人の外部にある何ものかとして現われてくる。たとえば、自分と他の二人との意見が食い違ったとき、「みんながそういうなら、しようがない」というふうに自分を集団に合わせる、といったことが生じるわけである。

こうした三者関係というジンメルの視点の背後にあったのは、「**個人と社会の葛藤**」という問題への関心にほかならない。社会や他者との関係の中で、いかにして個人は個人であり得るのか。いかにして社会にとって異質な者が社会との関係を築くのか。ドイツにおけるユダヤ人という「異邦人」（よそ者）であったジンメルにとって、この問いは予定調和的な二者関係には収まりきらないものだったのである。

まぼろしの公衆

▼群衆／公衆／大衆

三人寄れば文殊の知恵、ということわざがある。みんなで考えればよい知恵が出る、という意味だ。一方で、船頭多くして船山に登る、ということわざもある。舵を取る人がたくさんいると、物事がとんでもない方向に進んでしまう、という意味だ。さて、現代の民主主義社会を、あなたはどちらの言葉で評価するだろうか。

ところで一九世紀末は、個人主義的民主主義が、大衆民主主義に移行していった時期であるといわれる。「善悪の最終決定因としての個人」「個人間の平和共存の可能性」「最良の結果をもたらす合理的討議」といった個人的民主主義の理念が、この時期に、ことごとく覆されたからである。その最大の原因は、資本主義社会の発達であった。職を求めて都市に人口が集中し始めると、個人の意志よりも全体意思が優先されるようになり、貧富の差が階級闘争を惹起して、平和共存の理念が廃れ、利害一致をもたらす**大衆操作**の手段が巧妙化して、合理的討議も無に帰していったのである。こうした事態に危機感を抱いた知識人は、労働運動や大衆運動に集った人々を、同質的かつ権威主義的で、感情的になることが多く合理的な判断力に欠け

一口メモ

ガブリエル・タルド（Gabriel Tarde　1843～1904）　フランスの社会学者、刑事学者、司法官。デュルケムの社会的実存を批判、「暗示」「模倣」等の概念によって個人による社会の構成過程を論じ、社会心理学の基礎をつくった。また、「公衆」という概念を創出。

る群れ、すなわち「**群衆**」と呼んで非難した。群衆はその性格から、**個人主義の衰退**や**市民社会の解体**をもたらす危険な存在であると見なされたのである。

これに対して、心理学的社会学を提唱した**ガブリエル・タルド**は、新聞などのマスメディアを通じて、情報を間接的に交換し合い、社会的な争点についての合理的な判断を下すことのできる人々が存在するとして、彼らを「**公衆**」と名付けた。公衆は、独自の意識や暫時的な一体感を持っており、民主主義の基盤となる**世論**を形成する役目を果たすと期待されたのである。つまり、公衆は、群衆による脅威から民主主義を守る存在であると考えられたわけである。

しかしながら実際には、自律的で能動的な公衆という概念は、マスメディアの情報に扇動される受動的な人々の台頭によって、その存立基盤を失い、代わりに共通の目的や信念を持たず、また仲間意識や一体感といった心理的な紐帯《ちゅうたい》も持たない匿名的で孤立的な「**大衆**」という概念が導入されていった。ここに至って、個人主義的民主主義は、大衆民主主義へと変貌を遂げたのである。してみれば群衆は、散り散りになりながらも、マスメディアの影響力を介して、その性格を大衆へと引き渡したといえるかもしれない。

大衆民主主義が姿を現わしてから一〇〇年以上が経ったいま、私たちの船は順調な航海を続けているのか、それとも、山上に乗り上げ身動きが取れなくなっているのか。もし後者であるのなら、いまこそみなで知恵を絞るときである。

個人と集団
004

所属するだけが能じゃない

▼所属集団と準拠集団

テレビの向こうの大金持ちに憧れることはあっても、「なんであいつがお金持ちで自分はこんなにお金がないんだ」という嫉妬に苦しむ人はあまりいないだろう。でも、一緒にバイトを始めた友人が自分より先に昇給したりすると、「なんであいつが！」と腹立たしく思うことはあるかもしれない。そして自分との違いをよくよく考えてみると、その友人はバイト先の方針によくなじんでいたな、と気づくかもしれない。

テレビの向こうの大金持ちに嫉妬しないで友人に嫉妬するのは、自分と友人が同じ集団に属していると思っているからだ。自分と同じ立場だと思っているから、ちょっと先んじられると不満を抱く。こうやって、自分と境遇を比較して不満を抱いたり優越感を抱いたりする相手（集団）を、「**比較的準拠集団**」と呼ぶ。実際に所属している集団（**所属集団**）全部が比較的準拠集団になるわけではない。バイト先、サークル、ゼミなど、所属集団はたくさんあっても、自分の境遇への満足度を決めるのは、あくまで比較的準拠集団になっている集団だ。だから、バイト仲間の就職

比較的準拠集団と規範的準拠集団

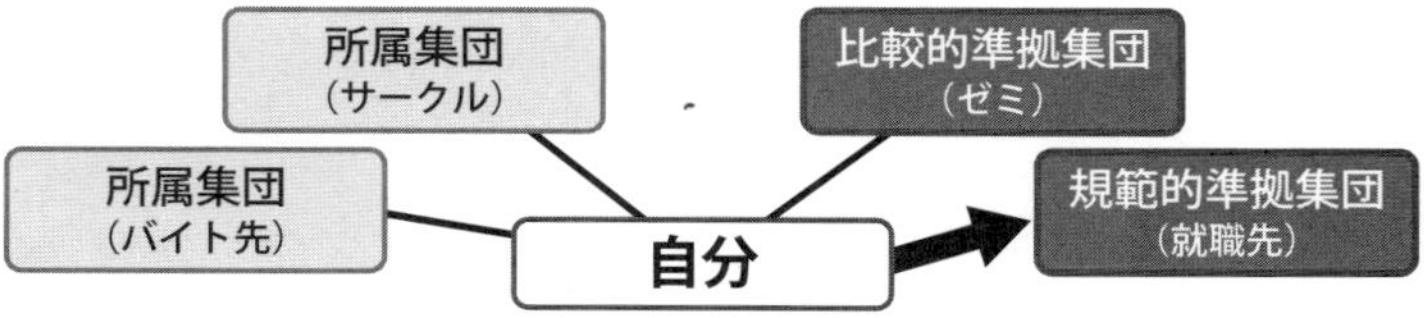

先はあまり気にならないが、ゼミ仲間が自分より良いところに就職を決めるとショックを受ける、というようなことが起きる。

さて、昇給した友人の方に目を向けてみよう。あなたを含めて学生バイトが、仲間内で「学生らしく」和気あいあいと働く中で、彼は社員と間違えられるくらい率先してよく働いていた。だからバイト仲間から小うるさいと反発されることもあった。あなたにとってバイト仲間は比較的準拠集団だったが、彼にとってはどうだろう？　彼にとってバイト仲間が所属集団の一つであることは確かだが、彼はそこの価値観よりもバイト先の社員の考え方を積極的に受け入れていた。聞くと、どうやらそこに就職したいらしい。

こういう、所属していなくても、いつか所属したいと思っている集団を、「**規範的準拠集団**」と呼ぶ。規範的準拠集団の価値観や規範を積極的に受け入ることは、昇給した彼のようにプラスに働くこともあるだろう。だが、彼が所属集団であるバイト仲間からは反発されたように、マイナスに働く側面もある。

いまの社会では、誰もが複数の所属集団の一員であるだろう。その中でどこを比較的準拠集団とし、どこを規範的準拠集団とするかによって、人の態度や満足度は変わってくるし、その人に対する所属集団の反応も変わってくる。仲間内での評価に一喜一憂する前に、自分の比較的準拠集団や規範的準拠集団を振り返ってみると、複数の所属集団を生きる自分なりの道筋が定まるかもしれない。

個人と集団
005

仲よくするには敵をつくれ

▼内集団と外集団

「私たち、友達だよね」と口に出して確認するとき、大抵の人はそれで仲間の絆を確認していると思うだろう。「家族なんだから」という言葉もそうだ。家族の絆が強調されていると思うに違いない。でもよく考えてみると、そこでは絆が確認される一方で、友達ではない人たちや家族ではない人たちのことも、実は語られている。たとえば「友達や家族じゃない人たちは必ずしもあなたの味方じゃない、そこまで助けてはくれない」というようなメッセージが暗に含まれているのである。

「友達」や「家族」がわかりやすい例だが、人々が一体感や愛着を抱く集団のことを、特に「**内集団**」と呼ぶ。内集団は、仲間や味方として意識され、自然発生的に組織された集団であることが多い。「身内」という感覚で括られる集団のことだといってもいいだろう。「友達じゃないか」「家族じゃないか」という言葉が暗に、それ以外の人々との差異を示すものであるように、「身内」という感覚にも「よそ者」との差異が含まれている。「身内」が親密な他者であるとすれば、「よそ者」として名指しされる他者は、違和感のある存在や、注意すべき存在であると意識され

内集団と外集団

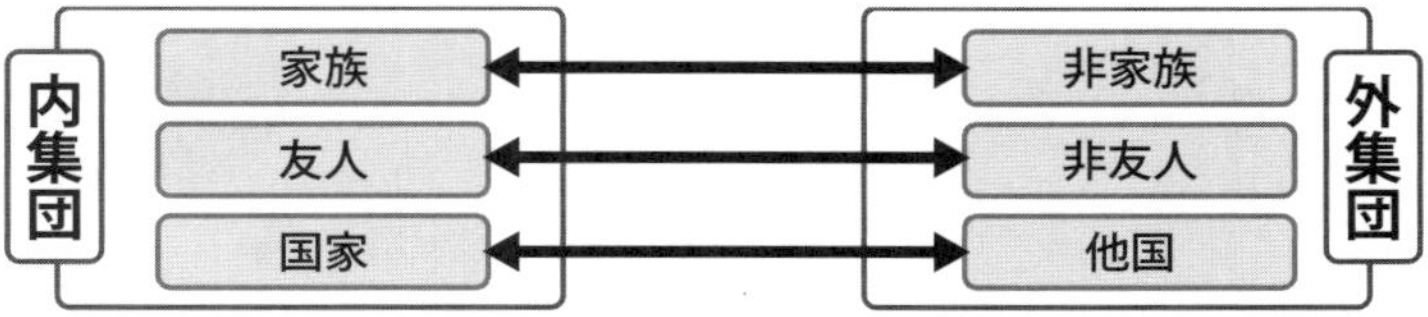

ているわけである。「よそ者」と意識される他者のように、「身内ではない」と意識され、「私たち」という言葉で括れない人々の集まりを「**外集団**」と呼ぶ。

内集団と外集団は、第三者が外から判断して「こっちが内集団」「あっちが外集団」と区別できるものではない。また、どちらか一方だけがあって、他方がないということもあり得ない。内集団と外集団という区別は、あくまで主観的なものである。それゆえ、内集団に感じられる一体感や愛着と、外集団に感じられる違和感や対抗心とは常に表裏一体になっている。一般的には、内集団への一体感が強ければ強いほど、外集団への対抗心は強くなる傾向がある。このことをうまく利用すると、スポーツなどではチームワークの結束を促し、対戦相手への闘志をみなぎらせることができるだろう。「打倒○○！」といったスローガンがよい例だ。しかし、この内集団と外集団の関係が、国家や民族の関係で過剰に意識されるようになると難しい問題が出てくる。歴史をみても、内的な結束を図るために他国を故意に敵視し、その結果、戦争が勃発することもあった。

内集団に対する一体感や愛着はそれ自体、何ら批判されるようなものではない。しかし、その感覚が政治的に利用される場合には、大きな災厄の火種になる。それゆえ私たちは、絆を確認することは、他とその関係を区別することでもある、ということを強く意識しておかねばならない。

個人と集団
006

関係性の変質

▼ゲマインシャフトとゲゼルシャフト

隣人の顔は知っていても、時折あいさつを交わす以外は気にも留めない。あるいは隣に誰が住んでいるかさえ知らず、普段は自分たちの生活が優先されている。誰もみな、こうした日常を送っているのではないだろうか。ご近所づきあいや居住地域への関わりは、いまでは「日常の一部」ではなくなっているのである。私たちは社会にこそ生きているが、もはや共同体には生きていないといえるかもしれない。

フェルディナント・テンニースは、共同体とは呼べなくなった社会を「**ゲゼルシャフト**」と呼んだ。テンニースは、ゲゼルシャフトを人間がある目的達成のため作為的に形成した（**形成意志**）機械的な結合と見なした。利益追求のためにできあがる大都市や、制御・規制の必要性から生じた国民国家などがゲゼルシャフトの典型とされている。これらは利害関係に基づき、打算的で合理的な「**選択意志**」によって成り立つもので、そこではどのような結合をしていようとも、個々人は本質的には分離したままである、とテンニースは述べている。

こうしたゲゼルシャフトに対して、人間に本来備わる「**本質意志**」（**自然意志**）

一口メモ

フェルディナント・テンニース（Ferdinand Tönnies　1855～1936）ドイツの社会学者。社会をゲマインシャフトとゲゼルシャフトに分類し、社会の歴史的展開は前者から後者へ移行すると主張。近代社会は、人間意志の有機的統一を欠いたゲゼルシャフトに覆われているとした。

によって結合する、有機体的な共同社会を「**ゲマインシャフト**」と呼ぶ。テンニースによれば、ゲマインシャフトでは、いかなる分離にもかかわらず、個々人は本質的に結合し続けており、そこでは個体性は共同性の中に溶け込んでいる。つまり、全人格的な融合・愛着・信頼により親密な人間関係が維持されているのが、ゲマインシャフトなのである。ゲマインシャフトの典型には、感情や気分を共有する家族や民族、習慣や伝統を共有する村落や地方自治体、そして良心や信仰を共有する中世的都市や教会などを挙げることができよう。それらをテンニースは、それぞれ「血の」「場所の」「精神の」ゲマインシャフトと呼んでいる。

資本主義社会の発展が、ゲマインシャフトからゲゼルシャフトへという流れを形作ったとされ、これら二つの社会類型は、互いに対極と見なされることがある。しかし実際には、私たちの生きる社会のすべてが、ゲゼルシャフトになったわけではない。事実、一般的にゲゼルシャフトの典型とされる企業が、日本では長らく**経営家族主義**と呼ばれる有機的な連帯を形成してきた。日本的経営が行き詰まりを見せる昨今においても、愛社精神の涵養が業績向上のカギだという考えは、いまなお多くの経営陣に支持されている。こうした有機的な連帯の精神が、ゲゼルシャフト化した社会を補完する場合もあろう。しかし同時に、それが反社会性の促進や事実の隠蔽などにつながる要因となることもあり、ゲマインシャフトを古きよき社会と手放しで称賛することや、その復権の模索には慎重であるべきだろう。

個人と集団
007

個人主義と連帯感

▼社会的分業／機械的連帯と有機的連帯

何人かで料理をつくるとなれば、きっと役割分担することだろう。野菜を切る人、肉料理の下ごしらえをする人、調理器具を洗う人といった具合に。それぞれに役割が与えられると、責任感が生まれ、作業の能率や効率が上がることがある。そして同時に、連帯感が生まれることもあるだろう。**エミール・デュルケム**はこうした責任感や連帯感を生みだす分業を「**社会的分業**」と呼び、そしてそこにできあがる、ある種の規範によって結びついた連帯を「**道徳的連帯**」と名付けた。

ところで、デュルケムは、社会学の使命は個々人の統合を促す道徳（規範）などの**社会的事実**を解明することにあると考えていた。そのため、彼は『社会分業論』で、道徳的連帯のあり方から社会の形態を、「**機械的連帯**」と「**有機的連帯**」とに分類して、次のように説明した。原始的な社会は、ただ似ているという理由で集まった均質な人々によって構成された、単純な結びつきしか持たない社会で（機械的連帯）、そこでは誰もが同じ役割を果たしていた。いうなれば、同じ形の同じ機能を持つ環節が寄せ集められた「**環節的社会**」である。しかしそうした社会も、人々

社会的分業とは？

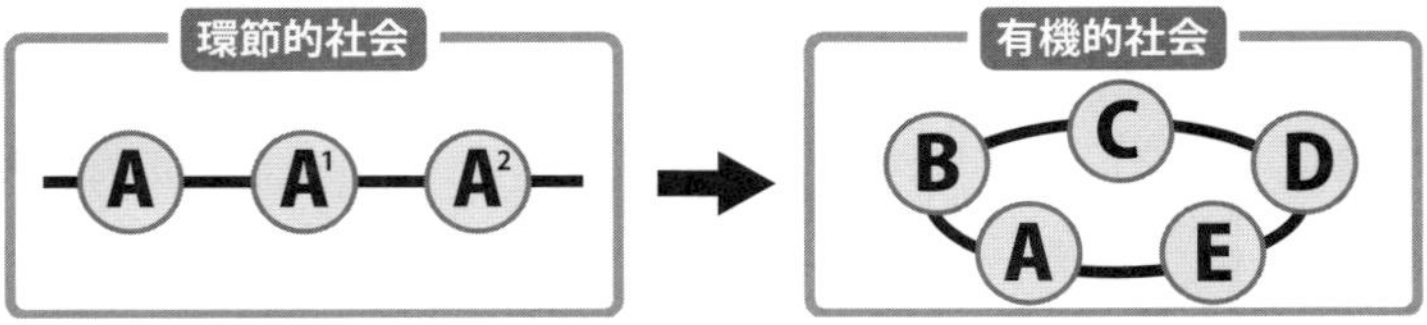

の能力や個性によって担う役割が異なるようになると、次第にそれぞれの利点を活かした分業が発達し、社会全体の結びつきはより複雑になっていく（有機的連帯）。こうした社会形態を「**有機的社会**」と呼ぶ。

デュルケムは、人々の結びつきを複雑で強固にする社会的分業が発達すればするほど、社会はより道徳的な性質を帯びるようになると考えていた。しかし、経済が穀物から鉄へ、つまり農業から工業へとその重心を移す中で、分業による連帯は極めて制限されたものとなり、道徳的な結びつきはむしろ弛緩していったのである。これをデュルケムは有機的連帯の異常事態として、「**アノミー的（無規制的）分業**」と呼んで批判したのであった。

冒頭の料理の比喩に戻るならこういうことだ。それまで一人ずつ似通った一品料理をつくっていた人々が、コース料理を一緒につくることになったのだが、作業が細分化するうちに、人々は自分のやっていることが、どの料理をつくるための、どの作業なのかがわからなくなってしまった。とにかく料理はできているらしいが、互いに疎遠になり、ついには連帯感も責任感もやる気も起きなくなってしまった、というわけだ。私たちは、こうしたアノミー的分業に巻き込まれて久しいが、無規制状態を打破するには、「個人を尊重する」という新しい道徳が必要だ、とデュルケムは論じている。個人主義が批判されがちな日本社会において、道徳的連帯を可能にする個人主義というものを、もう一度考えてみる必要があるのかもしれない。

「この社会は正常です」

▼自殺論

自殺は、残された者たちを深く悲しませる。多くの人が、近しい者の苦しみに気付けなかったことに、苦しむ。もし、あなたが不幸にもその苦しみを背負ってしまったとしたら、社会学に近づくことはあまりおすすめしない。たぶん社会学は、あなたにこういうからだ。「なるほど、この社会は正常に回っているようですね」。

社会学の古典的名著と名高い『**自殺論**』で、**エミール・デュルケム**は、いくつかの社会における自殺率に着目し、それがそれぞれの社会で違っていて、しかも長期にわたり安定していることに注目した。彼によれば、自殺は、個人の心理的要因に還元できない社会的なものである。そして社会は、常に一定の自殺を生み出すものであり、一定の自殺の存在は、その社会が「正常」であることを示してさえいる。

さらにデュルケムは、自殺を生み出す社会的要因別に、自殺を四つの類型にわけた。すなわち、「**自己本位的自殺**」「**集団本位的自殺**」「**アノミー的自殺**」「**宿命的自殺**」の四類型である。

自己本位的自殺とは、社会集団の統合が弱まり、他者との結びつきが弱まった個

デュルケムの『自殺論』

自殺の類型化
- 自己本位的自殺
- 集団本位的自殺
- アノミー的自殺
- 宿命的自殺

人が、自分の生に意味を感じられなくなって選ぶ自殺である。デュルケムは、当時の社会においてプロテスタントのほうがカトリックより自殺率が高いことに目をつけ、その原因を前者のほうが後者より統合が弱いことに求めた。

しかし、社会統合が強ければいいというわけではない。たとえば、古代社会でみられるような殉死の制度や、戦争末期の日本軍が行なった特攻（バンザイ・アタック）などは、むしろ社会統合が強すぎることによって生じる自殺である。このような自殺をデュルケムは、集団本位的自殺と呼んだ。

他方、**アノミー**とは、たとえば、急激な経済の悪化あるいは好転などによって、社会の規制力（規範）が弱まった状態のことである。通常、人間の欲望は社会の規範によって抑えられているが、急激な社会変動によってその力が弱まると、人々は欲望を持てあます。人は、それが満たされないことに苦しみ、死を選ぶのである。逆に、欲望に対する社会的規制力が強すぎる場合に選ばれる自殺は、宿命的自殺と呼ばれる（ただし現代社会においては、社会的規制力が強すぎるという状況は考えにくいことから、デュルケム自身はあまりこれを重視していない）。

ここで重要なのは、一見すると極めて個人的ないし心理的要因から引き起こされると思われがちな自殺という現象が、実はそれらに還元できない社会的要因に左右されているという事実である。個人に還元できない**社会的事実**というものを端的に示すこの書物は、たしかに社会学の古典と呼ぶに相応しいものといえるだろう。

個人と集団
009

孤独な群衆

▼社会への同調様式

私たちは日々の生活の中で「何をすべきで、何をすべきでないのか」をどのように判断しているだろうか。空気が読めない奴だといわれるのを恐れて、他人の顔色ばかりを窺い、みんなに合わせることに終始してはいないだろうか。

アメリカの社会学者**デイビッド・リースマン**は、他人にどう思われているのかを心配し、多数派の意見や他人の価値観に同調しようと懸命になる人々を「**他人（外部）指向型**」と名付けた。

彼によれば、他人指向型は近代工業社会の大衆層に典型的な性格であるという。つまり、私たちの大多数が他人指向型なのである。周囲の期待に敏感であろうとするあまり、自分はこうしたい、こう生きたいという自身の判断基準を、誰しもなかなか持てずにいるに違いない。リースマンは、社交的な人ほど、実は体裁や世間体を強く意識していて、その結果ありのままの自分を見せることに不安を覚えたり、孤独を感じたりするものだという。近代社会の大衆層はみな**孤独な群衆**なのである。

では、私たちはどのようにして同調過剰な他人指向型となったのだろうか。リース

一口メモ

デイビッド・リースマン（David Riesman　1909～2002）　アメリカの社会学者。第二次大戦後、受動化したアメリカ中間層の社会的性格を「他人指向型」として捉え、ユートピア提示による自主性の回復を主張した。また、ヴェブレンの制度主義を批判しつつ、新しい個人主義を提示。

マンは、産業化に伴う人口の増減により変動する社会を三つのタイプに区別して説明を試みている。

まず彼は、人口が一定水準に抑えられた共同体社会では、社会構成員の大多数が生きる目的を共有しており、伝統や慣習を遵守する従順な適応性が見られたとする。こうした社会に生きる人々の社会的な性格を「**伝統指向型**」という。彼らは、何事も伝統に従って行動するように努めるので、共同体社会は内部からの変化が生じにくい。しかし、工業化が進展し社会移動が活発になる初期資本主義社会に入ると、共同体社会から離れ、いままでとは違った生活を送る機会も多くなる。たとえば、稼ぎのよい仕事を求めて都会に出るような場合だ。知人の少ない都会では、孤独に耐え、伝統に縛られずに自己内部の良心に従って行動することが成功を収めるカギとなる。自己内部に行動の指針を持って自律的に生きるようになった人々を「**内部指向型**」と呼ぶ。

ところが、資本主義が成熟して消費社会に入ると、生産よりも管理や販売といった対人関係が重要な職業が増えるので、今度は周囲の期待に敏感に反応し、同調することが成功の秘訣になる。こうして、私たちは同調過剰な他者指向型という社会的性格を持つようになったと、リースマンは考えているのだ。圧力に屈し一貫性を失いがちの私たちにとって、内部指向型は取り戻されるべき社会的性格なのかもしれない。

個人と集団
010

自分が自分であるために

▼アイデンティティ

朝起きて会社に出勤し、「会社員」になる。一人でお昼を食べに出て、「定食屋の客」になる。仕事を終えて恋人に会い、「○○さんの恋人」になる。

○○さんの恋人であるときの自分は、定食屋の客であるときの自分とは、随分違うだろう。もちろん、会社員のときの自分とも。それでも、多くの人は「私は私」という一貫性を保っている。このような「自分は何者であるか」という一貫性、「自分は他でもなく自分である」という統合された感覚のことを、「**アイデンティティ**」（**自己同一性**）という。アイデンティティは、心理学者の**エリク・エリクソン**が提唱した概念で、社会とのつながりと内的なまとまりという二重の意味を持っている。エリクソンによれば、アイデンティティの獲得は青年期の発達課題であるという。人は自我の発達にともない、肯定的なアイデンティティを獲得しようと努力する。その努力は失敗することも多く、ときに「**アイデンティティ・クライシス**」を引き起こす。しかしそれでも、この危機を乗り越えてアイデンティティを確立していくのが、青年期であるというわけだ。

一口メモ

エリク・エリクソン（Erik Erikson　1902〜94）　アメリカの心理学者。フロイト思想を現代に継承する自我心理学の第一人者。自己体験やアメリカでの精神分析の臨床体験をふまえ、社会・文化と個人との関わりを探るアイデンティティ論を提唱した。

しかしながら、社会学では、アイデンティティの確立を、青年期の課題としてだけでなく、障害者やエスニック・グループのような社会的マイノリティが絶えず直面する構造的な問題としても捉えている。というのも、アイデンティティの確立や維持には周囲からの「**承認**」が必要であり、したがって、マイノリティがアイデンティティを確立するには、社会的な影響力を持つマジョリティとの関係を構築しなければならないからである。言い換えれば、ある社会において、マイノリティであることが否定的な意味を持つ場合には、マイノリティは自らのアイデンティティを肯定的なものとして確立していくために、マジョリティとの新たな友好関係を築かなければならないのである。それゆえ、マイノリティにとって、アイデンティティの確立は個人的な課題というだけでなく、政治的な課題でもあるのだ。

ところで、アイデンティティが政治的な課題であるのは、ホスト社会にとっても同様である。というのも、アイデンティティの承認は、意識改革のみで可能になるわけではなく、制度上の問題とも深くかかわっているからである。たとえば、自由主義的国家は、自国でマイノリティ・グループが非自由主義的な価値に基づいた教育をする自由を認めるべきだろうか。アイデンティティの承認は、異なる価値の承認でもあるだけに、承認すべき価値の範囲が問題とならざるを得ないのである。

したがって、アイデンティティの承認は、誰がどのように承認するかのみならず、何をどこまで認めるかという政治的な問題をも惹起するものなのである。

参考文献

『思想としての社会学』富永健一、新曜社
『社会学――社会化の諸形式についての研究（上・下）』ゲオルク・ジンメル、白水社
『群衆心理』ギュスターヴ・ル・ボン、講談社学術文庫
『社会理論と社会構造』ロバート・マートン、みすず書房
『フォークウェイズ』W・G・サムナー、青木書店
『ゲマインシャフトとゲゼルシャフト――純粋社会学の基本概念』テンニエス、岩波文庫
『社会分業論（上・下）』エミール・デュルケム、講談社学術文庫
『自殺論』デュルケーム、中公文庫
『孤独な群衆』デイヴィッド・リースマン、みすず書房
『アイデンティティ――青年と危機』E・H・エリクソン、金沢文庫

第2章　家族と教育

教育は誰のためにあるのか

命令することを教える。——つつましい家庭の子どもたちは、他の子どもたちに服従することを教えるのとちょうど同じくらい、命令することを教育によって教えなくてはならない。

（ニーチェ『人間的、あまりに人間的1』ちくま学芸文庫p．354）

家族と教育
011

日本の「家」は特殊なのか？

▼有賀・喜多野論争

家制度という言葉を聞いたことがあるだろうか。「家族」というと身近でも、「家」となると、いまどき結婚のときくらいしか意識しないかもしれない。しかし、愛情でつながれ、子供を中心とした一世代限りの、いわゆる**近代家族**が当たり前になる以前は、日本の家族は「家」という日本に独特の観念によって説明されてきた。「家」は、親族だけでなく、住み込みで働くお手伝いさんのような血のつながりのない人たちも含む、生活を共にして支え合う人たちの集団だった。そこには多くの場合、代々受け継がれる家業と呼ばれる仕事があった。家の存続が何より重要視されていたので、子供や縁者ではなく、優秀な人材を養子に迎えることもしばしば行なわれた。時代劇などで時折耳にする「お家断絶」は、まさにこの家制度に特有の事件なのだ。

日本の家族に「家」だけでなく「家族」を見出したのは、農村社会学者の**喜多野清一**だった。彼は**マックス・ヴェーバー**の議論に基づいて、家を「**家父長的家族**」の一形態として位置付け、日本の家族が持つ「家」としての側面と「家族」として

一口メモ

喜多野清一（きたの せいいち　1900～1982）和歌山県出身の社会学者。「家」については、あらゆる民族に普遍な小家族結合と、家長権の統率下に成立する歴史的な家結合という異なる結合契機を内に含む複合的な家族制度があると主張した。

一口メモ

有賀喜左衛門（あるが　きざえもん　1897～1979）　長野県出身の社会学者。日本の村落構造、とりわけ家と同族組織を村人の生活意識に即して把握する独自の方法論を展開した。歴史的にさかのぼった分析によって、同族結合を封建的と見る見解を否定し、民族的性格と規定して、それに組結合の概念を対置した。

の側面を分けて論じなければならない、と主張した。つまり、家父長である男性が強い権力を持ち、血縁以外の人たちを含む労働組織・生活共同体としての家としての側面と、情愛でつながれた家族としての側面とを区別して論じたのである。

喜多野がそのように主張した相手は、**有賀喜左衛門**という同じく農村社会学者だ。有賀は、日本の家族は家という独自の概念で考えなければならないと主張していた。有賀にとって、日本の家族は、喜多野のように家族と家というふうに分けて考えてしまうと、うまく捉えることができないものだった。

一九六〇年代に繰り広げられた有賀と喜多野の論争は平行線のまま終わってしまった。また、日本の大半を占めた農村も、急激な経済成長による都市化によって顧みられることが少なくなり、それにつれて、家の研究よりも都市で主流になっていた近代家族の研究に比重が置かれていった。しかし、家族についての歴史的研究が進められる中で、欧米でも家族は必ずしも血縁関係だけを指していたわけではなかったことが明らかになっている。日本の家制度の研究でも、明治期には家族間の情愛を強調する言説が見られることなどもわかってきた。現代の家族にも、親子の関係や親族付き合いなどの中に、まだ家制度の影響はさまざまな形で残っている。いま、改めて、他国と比較して日本の家制度は特殊なものなのか——そして日本の家制度がいつどのように成立し、近代家族の要素が組み込まれていったのかが問われるようになっているのだ。

家族と教育
012

家族って何？

▼家族

「あなたの家族は誰ですか」と聞かれても返答に困らないかもしれないが、「その人たちがあなたにとって家族なのはなぜですか」と聞かれたら、どうだろうか。一緒に住んでいるから、血がつながっているから、法律上そうなっているから、と答えても、例外はいくらでもある。一人暮らしを始めたら家族はいなくなるのか、兄弟姉妹の結婚相手は家族なのか、可愛がっているペットは……という具合に。

ところで、統計学では、家族の代わりに**世帯**という言葉を使う。世帯とは、「実際に同一の住居で起居し、生計を同じくする者の集団」のこと。この条件を満たせば、他人でも世帯の一員となるし、条件を満たさなければ、親族でも世帯から外れてしまう。だから世帯は、いわゆる「家族」という語感からは遠いかもしれない。

では、もっと抽象的に家族を考えてみるとどうだろうか。**ジョージ・ピーター・マードック**によれば、家族（**核家族**）とは、「**性的機能**」「**生殖的機能**」「**教育的機能**」「**経済的機能**」の四つの機能を同時に果たす、人類社会に普遍的に見られる社会単位であるという（**核家族普遍説**）。ここでいう核家族とは、夫婦もしくは夫婦

一口メモ

ジョージ・ピーター・マードック（George Peter Murdock 1897～1985） アメリカの文化人類学者。核家族が人類社会に普遍的に存在することを主張。この概念は、社会学的家族理論の形成と発展に大きな影響を与えた。

とその未婚の子どもから成る家族のことだ。しかし世の中には、兄弟姉妹と姉妹の子どもで一緒に住む、という形の家族もある。機能に関しても、教育的機能は幼稚園や学校に、経済的機能は会社に、と、家族から社会に肩代わりされている部分もある。結婚していなくてもセックスできる時代になっているし、代理母や精子バンクの存在を考えると、生殖機能も家族のものではなくなりつつある。つまり、何が家族固有の機能なのか、というと、もはや定かではないのだ。

実のところ、家族社会学の中でも、家族の普遍的な定義はないのである。研究が進めば進むほど、家族の定義は時代や文化によって異なることが明らかになったからであるし、家族の普遍的な定義を定めることで、そこから外れる家族を異常なものと決め付けてしまう可能性もあるからである。たとえば、資本主義の発達によって生まれた**近代家族**――夫婦が対等な愛情で結ばれ、親（とりわけ母親）が子どもに愛情を注ぎながら育てる私的な場としての家族――を家族の一般的なモデルとする考え方は、男性が働き女性が家事育児をするという**性別役割分業**を「当たり前」として押し付けるものであったとして、いまでは批判の対象になっている。

とはいえ、家族の普遍的な定義がないからといって、家族研究が無意味であるというわけではない。現にいま、家族が制度としてあり、家族と呼ばれるものがある限り、それがどのようにつくられ、どのように変化しつつあり、その変化をどう受け止めるべきか、といった問題は、家族研究の重要なテーマなのである。

家族と教育
013

どれが私の生きる道？

▼ライフサイクルとライフコース

生は一回限りのものである。同じ生は二つとないもので、だからそれは価値がある。しかし他方、多くの人の生を俯瞰すると、内容としては様々でも、ある程度共通するプロセスをたどっていることも見えてくる。出生・成長・成熟・老衰・死亡は、人間を含めた生物の生に広く見出される規則的な推移であり、これを「**ライフサイクル**」という。生物は、個体としては死によって限界づけられながら、一つの種として、規則的な循環（サイクル）のなかで生命をつないでいる。

ただし、私たち人間の場合、事情はいささか複雑である。たしかに人間も生物である以上、加齢に規定されたステージの推移のなかで生きている。しかしそれ以上に私たちの生は、歴史的、社会的な影響を受けているから、時代や場所が違えば、まったく異なるプロセスをたどることも事実である。たとえば、ライフサイクルの概念は、人間を家族のなかで生まれ育ち、成長して家族をつくり、次世代を生み育てるものとしがちだけれども、すべての人が家族をつくるわけではないし、つくられる家族はとても多様である。また戦争や疫病、悲惨な経済恐慌は、人々の生を突

一口メモ

グレン・H・エルダー（Glen H. Elder, Jr.　1934～）　アメリカの社会学者であり心理学者。主著『大恐慌の子どもたち』は、世界恐慌を経験した子どもたちの成長のあり様や変化のプロセスを、膨大な追跡調査のデータをもとに比較検討して描き出した、ライフコース研究の古典的書物である。

如として大きく変えてしまう。その意味では、人間の現実の生を単純なサイクルでとらえるのは、かなり困難だ。

歴史的、社会的状況に規定されて多様である私たちの生を、より豊かに捉えるには、アメリカの社会学者**グレン・H・エルダー**のように、「**ライフコース**」という概念や、**コーホート分析**という手法を使うのが効果的かもしれない。

ライフコース論では、個人は生物学的加齢や家族との関係のみでなく、学校の卒業、最初の就職、最初の結婚、出産、失業、兵役など、さまざまな役割や出来事の変遷をたどる者として分析される。コーホートとは同年齢集団を意味する語で、ライフコースの概念に基づいて、同じ年に生まれた集団の成員が、それぞれどんな出来事を、いつ、どのくらいの期間で経験するかが分析される。また、歴史的事件や社会制度の展開が各コーホートにそれぞれどのような影響を与えたかという分析や、同じコーホート内での学歴別・出身階層別の特徴の比較が行なわれる。

これらの道具立ての意義は、従来の家族を中心としたライフサイクルの分析が、一般的な家族形態のなかで生きる人々のみを対象としがちで、そのような「正規」のコースを外れて生きる人々の生を除外してしまっていたという弱点を、克服するものだという点にある。それは、一回限りの私たちの生を、その機微を完全に消し去って平板にしてしまうことなく、しかし集合的なものとして捉えるという難題に対する、社会学の挑戦ということができるだろう。

男らしさ／女らしさ

▼セックスとジェンダー

現代日本では、スカートやパンツを履いた女性は、街中にも職場にも大勢いる。しかし、スカートを履いた男性を見ることは滅多にない。日本ではまだ、スカートは女性のものなのである。けれども、男性がスカートやそれによく似た服を着る文化は、世界各地に存在している。男らしさや女らしさ、男とは／女とはこうあるべきだという通念は、実は、時代や文化によって規定される**社会的構築物**なのである——こうした考えは、いまでは「**ジェンダー**」（**社会的文化的性差**）という言葉とともに、広く知られるようになっている。しかし、「**セックス**」（**生物学的性差**）も社会的構築物だとする議論があることを、知る人はまだ少ないだろう。

ジェンダーをめぐる議論でも、当初は、ジェンダーはセックスに基づくものだと考えられていた。しかし、次第に女性の解放を目指す「**フェミニズム**」によって、男／女という二分法が疑問視されるようになった。というのも、女性の抑圧された立場を説明するためには、ジェンダーを、男女という対立項で把握するのでは不十分で、一つの非対称的な階層秩序として捉えねばならないと主張されるようになっ

一口メモ

シモーヌ・ド・ボーヴォワール（Simone de Beauvoir　1908～1986）　フランスの女流作家、批評家。サルトルの実存主義の協力者として精力的に活動。克明な女性の分析とその主体性獲得を説いた『第二の性』を著わし、世界的反響を呼ぶ。

一口メモ

ジュディス・バトラー（Judith Butler　1956～）　アメリカの思想家。生物学的な定義だとみなされているセックスの区別は、文化的なジェンダーのパフォーマンスによって構築されるものだと主張。それゆえ、性的な規範は、文化のレヴェルでなされる撹乱行為によって変化することが可能なものだと説いた。

たからである。たとえば、**シモーヌ・ド・ボーヴォワール**は、男性こそが人間一般（主体）であるとする社会では、女性とは主体ではないもの（他者）に過ぎず、女性は常に男性を補完する位置に置かれていると主張したのだった。また、セクシュアリティ研究の立場からも、男女の二分法に基づくジェンダー概念は、同性愛を抑圧する「**異性愛主義**」を補強するものだとして批判されたのである。

さらに、**ジョーン・W・スコット**は、歴史学の立場から、ジェンダーを**肉体的差異に意味付与する知**と定義した。スコットによれば、セックスがジェンダーという知を社会に生み出したのではなく、ジェンダーという知がセックスに基づいた社会的関係を作り上げたのである。スコットの議論は、**ジュディス・バトラー**によって理論化され、セックスとはジェンダーのことである、と主張されるに至った。バトラーによれば、身体は文化や言語に先立って存在するという考え自体、言説によってつくられたものであり、そうした言説はセックスを正当化し、生産するものなのである。

進んでいるのは理論だけではない。現実をみても、医療技術の発達によって、セックスやジェンダーの可変性はかつてないほど増大している。その一方で、ジェンダーの平等を訴える**ジェンダーフリー**の主張に対し、強いバッシングが生じてもいる。私たちはいま、理論と現実に見合うだけの議論を積み重ねる必要性に迫られているということができるだろう。

家族と教育
015

かつて子どもはいなかった

▼〈子供〉の誕生

「かつて子どもは存在しなかった」。そんなことをいわれても、にわかには信じられないことだろう。誰だって大人になる前は子どもであるし、実際、社会にはたくさんの子どもがいるのだから。しかしながら、私たちが当たり前のように子どもだと理解している存在は、かつてはあくまで「小さな大人」だったのである。いまのように「子供」として教育を受けたり、あるいは保護されたりする存在ではなかったのだ。

そんな衝撃的なことをいったのは、フランスの歴史家**フィリップ・アリエス**だった。彼は『**〈子供〉の誕生**』という本で、中世ヨーロッパには、いわゆる「子供期」という概念がなく、教育という概念もなかったと説明している。服装も大人と変わらず、子どもだからといっていまのように「お酒を飲んではいけない」「セックスしてはいけない」といったことはいわれなかった。では、「小さな大人」になる前の赤ん坊はというと、死んでしまう可能性がいまよりもずっと高かったから、そもそも家族の数に入らず、言葉が喋れるようになるまで、動物と一緒の扱いだったたの

一口メモ

フィリップ・アリエス（Philippe Ariès　1914～84）　フランスの歴史家、社会史家。子供、メンタリティ、生と死など、それまであまり研究されてこなかった領域に着目し、分析を行なう。

だ。だから、死んでしまうと犬や猫のように所構わず埋葬されたのである。

アリエスによれば、子どもを大人と違う存在として、親の保護下に置くのが当たり前になったのは、近代になってからのことだ。それまでは子どもは七歳になると、徒弟修業や奉公に出されていた。それが一六世紀から一七世紀にかけて、特に上流階級において、「子供」に対する特別な意識が生まれたことで大きな変化を迎える。上流階級では、いわば白紙の状態の子どもを、道徳的で理性的な人間として教育する必要が意識されるようになり、生殖と財産管理の場であった家族関係が、教育的な配慮の場となっていったのだ。これにともない認識の変化が社会全般に普及すると、小さな大人は、どこでも「子供」という特別な存在として可愛がられ、保護されるようになっていった。学校制度が整い、理性的な人間へと教育する役割が学校に期待されるようになったことも、学校とは異なる精神的・道徳的な教育の場としての家族の登場を促し、「子供」という概念の形成に寄与した。

アリエスは、子どもという概念の形成過程を歴史を追うことで、子どもがいまのように、可愛がられ保護されながら、主に家族と学校の中で成長していくものだ、という常識を覆したわけである。その中で、子どもを中心として編成される近代家族の特異性も示して見せた。アリエスの議論は、いま当たり前だと思っていることが必ずしも、昔からそうだったわけでなく、これから先もそうであるわけではない、という可能性を教えてくれているのである。

家族と教育
016

もう一人の「私」

▼「I」と「me」

ままごとをしている子どもたちを見ていると、その子の家で、普段どんな会話がされているのかを知ることができる。というのも、子どもたちは、ままごとでいつも自分がいわれていることや、両親が話していることを面白いほどそのまま繰り返しているからである。「学ぶ」という言葉の語源は「真似る」だといわれているが、幼い子どもは、親の言葉遣いや表情、仕草などを真似ながら成長していく。何気ないことのように思えるが、こうした子どもたちの遊ぶ様子から、人間が社会の中でどのように自我を発達させ、社会をつくっていくのかを説明した学者がいる。社会心理学者の、**ジョージ・ハーバート・ミード**である。

ミードによれば、子どもたちは言語をはじめとした「**有意味シンボル**」(significant symbol)を学びながら、母親や父親といった身近にいる「**重要な他者**」(significant other)の期待を取り入れることで、自我を形成する。有意味シンボルとは、他者に反応を生じさせると同時に、自我にも同じ反応を生じさせるシンボルのことで、他者と自我との共通の意味世界を作り出すものである。有意味シンボル

一口メモ

ジョージ・ハーバート・ミード（George Herbert Mead　1863～1931）
アメリカの哲学者、社会心理学者。プラグマティズム哲学の影響を受け、それをもとに行動主義的社会心理学を開拓。人間の精神活動および自我を、社会過程の中に位置付けた。

を使えるようになってきた子どもたちは、たとえばゴッコ遊びをしながら、重要な他者以外のさまざまな他者の態度を真似て、他者の期待や役割、視点などを学んでいく（**役割取得**）。さらに、野球などのゲームを通じて、状況に埋め込まれた役割を、つまり投手と捕手といった互いに関連し合う役割を担うことを学ぶのである。こうした過程を通じて、子どもたちは複数の他者の期待を組織化した「**一般的な他者**」を内面化し、自我の社会的な側面である「**客我（me）**」を形成するようになるのだ。言い換えれば、客我とは、社会的な期待通りに振る舞おうとする社会人としての自我であり、良心ともいわれるような、内面化された社会規範でもある。

しかしながら、ミードによれば、自我は客我だけで成り立つものではない。自我とは、「**主我（I）**」と**客我（me）**という二つの側面をともなって進む、社会的なプロセスの一部であるという。主我は、自己の内発的な反応であり、客我に対して独自の反応を示し、個性的な修正を加えることで、その人らしさを作り出す。客我は、その主我の反応を検閲することによって、自我に社会的な適応を促す。そして主我と客我との緊張を孕むこの相互作用こそが、自我に新しい変化を生み出し、少しずつではあっても、社会にも変化を生み出していくのである（**創発特性**）。

ミードは、自我の内部に、主我と客我とのダイナミックな関係を想定することで、社会に規定される個人と、個人が規定する社会との両方の関係を描き出そうと試みたのである。

家族と教育
017

「みんな」って誰？

▼一般化された他者

「大丈夫だよ。みんなそんなもんだよ」「どうして俺だけにいうんだよ！　みんなだってやってるじゃないか！」「やめなさいよ！　みんな嫌がってるでしょ！」……。私たちは「みんな」という言葉を使って、自分の振る舞いを正当化したり、他人の振る舞いを非難したりすることがある。とりわけ子どもを叱るときには、子どもにいちいち理由を説明する手間が省けるので、親にとっては便利な言葉なのかもしれない。

ところで、この「みんな」とは、いったい誰のことだろうか。「みんな」は、必ずしも話し手や聞き手だけを意味しているわけではない。かといって、特定の第三者を指しているわけでもない。いわば「みんな」とは、吉田くんでも高橋さんでもない不特定の「誰か」なのだ。

ジョージ・ハーバート・ミードによれば、私たちは子供のころから、ゴッコ遊びなどを通じて、他人の期待を自らの役割（ｍｅ）として引き受けることを学んでいく。けれども、「他人に期待される私」にはさまざまなものがあり、それらすべて

一般化された他者

を引き受けることはできない。

そこで私たちは、それらを、特定の誰かではない「**一般化された他者**」として引き受けていくのだとミードはいう。むしろ、そうすることでしか私たちは、社会的な存在にはなれないのだ。そして、この「一般化された他者」こそが、私たちが何気なく使っている「みんな」という言葉の正体にほかならない。私たちは、家族や友人や周りの人々とのやりとりを通じて、「みんな」の規範を内面化させていく。そうして私たちは、「父親」とはこういうものだ、「母親」とはこういうものだ、「教師」とは……というような、「みんな」が期待する役割を理解するとともに、それらを実践していくというわけだ。

とはいえ、このように説明したところで、「みんな」という言葉が誰を指すか、そして「みんな」によって期待されている役割が何であるかは、実際には、それほど自明なことではない。というのも「一般化された他者」は、人々によって思念されているものであり、必ずしも目に見えるようなものではないからだ。したがってそれは、時代や状況によって変化するものであり、また、画一的なものでもない。

先生が「みんな」というとき、政治家が「みなさま」というとき、企業が「みなさま」というとき、ニュースキャスターが「みなさま」というとき、それぞれの「みんな」とは、いったい誰を指しているのだろうか。そんなところから見えてくる社会の姿もあるはずだ。

家族と教育
018

ホモ・ソシオロジクス

▼社会化

人間は社会的な動物である、といわれる。役割分担を持つ群れを形成する動物は人間以外にもいるが、人間のように一人で複数の役割を担い、複雑なルールに基づく社会を形成する動物はほかにはいない。そして人間のように、自らが作り上げてきた社会の複雑さゆえに、将来の社会の成員としての適切な社会規範や行動を身につけさせる教育を、子どもに施す動物もまたほかにはいないのである。

フランスの社会学者である**エミール・デュルケム**は、社会的な動物とするべく、親が子供に施す教育を「**社会化**」と呼んで重要視した。デュルケムによれば、社会化は、個人に対して一方的に働きかける拘束力を持った作用であり、同調せずに抵抗しようとすると、強制として現われるものであるとした。社会化への抵抗は、たとえば周囲から反感や報復、あるいは刑罰を招くというわけだ。これに対し、**ガブリエル・タルド**は、デュルケムとの論争の中で、社会化される個人の側にも、自発的に社会化を引き受ける契機があり、社会化はあくまで対等な相互行為の中で行なわれるものだと主張した。

一口メモ

ジャン・ピアジェ（Jean Piaget　1896～1980）スイスの心理学者。ビネーの研究室に学び、フロイト思想の影響も受ける。児童心理学を研究、実験的臨床法を採用し、児童の言語・思考についての理論を確立。

個人の側にも自発的に社会化を引き受ける契機があるという考察は、心理学に引き継がれ、**ジャン・ピアジェ**に至るまで、自我の発達や認知にかかわる議論を発展させてきた。他方、デュルケムによって展開された社会化概念は、**タルコット・パーソンズ**に引き継がれた。「社会秩序はいかにして可能か」という問題に取り組んでいたパーソンズにとって、重要なのは「社会にとって社会化はどのような機能を担っているか」「どうしたらその機能がうまく働くか」ということであった。こうした関心から彼は、社会化を、社会秩序を維持する共通の価値や規範を内面化させるプロセスとして捉え、社会秩序が可能になるためには、社会化に加え、共通の価値や規範を制度化することが必要だと考えたのである。

しかし、パーソンズのように社会的な統合を強く意識する社会観は、ややもすると人間を社会という鋳型にはめ込まれたものとして描くことになる。**D・H・ロング**は、これを**社会化過剰的人間観**として批判した。また**ラルフ・ダーレンドルフ**は、対立や葛藤は社会の不可欠の要素であるとする立場（**紛争理論**）から、社会によって規定され、あてがわれた役割を演じるだけの存在を**ホモ・ソシオロジクス**と呼び批判したのである。

人間が社会的な動物であろうとする限り、社会化は社会と個人を結びつける不可避のプロセスである。それゆえ、社会化をめぐる議論は、個人の自由と社会秩序の関係はどうあるべきか、という課題を常に引き受けることになるのである。

家族と教育
019

身体化された歴史

▼ハビトゥス

「育ちがよい」と評されるのは、大抵はきちんと挨拶ができたり、行儀がよかったりする子供である。雑駁にいえば、よく躾けられている子供ほど「育ちがよい」といわれるのである。しかし、いくら行儀がよくても、付け焼刃の行儀のよさには違和感を覚えるものだ。「育ちのよさ」は、子供の振る舞いそれ自体というよりは、その身振りの身体化された「自然さ」が感じさせるものなのだろう。

ところで、フランスの社会学者**ピエール・ブルデュー**は、「育ちのよさ」のように、私たちが無意識のうちに内面化したり、身体化したりする「社会的に獲得された性向の総体」を「**ハビトゥス**」と呼んでいる。ハビトゥスは、本来は外的特徴や顔色、態度、性格、性向などを意味するラテン語だが、ブルデューはこれを人間が社会化されるメカニズムを巧みに説明する概念としたのである。

彼によれば、ハビトゥスは、さまざまな機会を通じ獲得されるのだが、それらはちょうど年輪のように内側に刻まれたハビトゥスが、次のハビトゥス形成を方向づけるようにして私たちを**社会化**していく。

一口メモ

ピエール・ブルデュー（Pierre Bourdieu　1930～2002）　フランスの社会学者。主に教育と社会階級を研究。ハビトゥス概念により、人間の日常行動の論理を解明する一方、構造と実践との統一的把握を目指した。

たとえば、親の教育によって幼児は、教育の内容だけではなく、同時に学び方そのものを内面化させる。すると、獲得した学び方が次に学ぶ内容を受け入れるか否かを決定づける性向となるのである。家庭教育によって獲得され、基底となるハビトゥスを特に「**第一次ハビトゥス**」と呼ぶ。彼は『再生産』においては、社会的諸関係が支配関係として現象するのは、この第一次ハビトゥスが影響していると指摘している。支配者階級の家庭の中で形成された第一次ハビトゥスは、学校で伝達される文化的な価値や期待を受容しやすいのに対して、被支配者階級の家庭の第一次ハビトゥスは、それらを拒否しやすいように形成される傾向にあり、そうしたことが、将来の社会的地位や財産の有無に影響して、支配階級と被支配階級の差異を再生産していくというのである。

このように、ハビトゥスは私たちの知覚や行動を暗黙裡に水路づけ、水路づけられた私たちの選択が新たにハビトゥスを再生産することから、ブルデューは、ハビトゥスは性向の体系であると同時に「**身体化された歴史**」であるとも論じている。私たちの日々の行為は、私たち個々人の恣意的な決定の結果であると考えられがちだが、実は、身体化された歴史の産物だというわけである。ブルデューのこうしたハビトゥス論は、個人と社会とを分離したものとして外的に関係づける伝統的な考え方を刷新し、個人と社会とを相補的に関係づける視点を提供するものなのである。

家族と教育
020

教われども学ばず

▼学校化

日本の高校進学率は現在九五%を超えている。義務教育は中学校までだが、実質的には高校までが義務教育となっている。高校へは大学で勉強したいなどの理由で進学する人もいるだろう。しかし大半の人は、「まわりもみな進学するし」と、なんとなく進学を決めたのではないだろうか。実際、高校の卒業証書が得られると、大学進学資格を得られるばかりではなく、中卒より有利な条件で就職先を探せたりする。だから多くの人々は、進学に疑問を持つこともなく、卒業証書を得られるよう努力するのだ。高卒での就職率が悪くなり、大学に半数以上の人々が入学しているいまの時代では、大学への進学も同様になりつつある。しかし、重要なのは卒業証書を得ることではなくて、学ぶことではないだろうか。

イヴァン・イリイチは、学校という制度を通じて、人々が教師などの専門家から、サービスとして教育を受けることが当たり前になり、自律性を失ってしまうことを「**学校化**」と呼んで批判した。イリイチは、学校に所属し学校で教わることが「学ぶという行為である」と、当たり前のように思われるようになることを、「**教育の**

一口メモ

イヴァン・イリイチ（Ivan Illich　1926～2002）オーストリア出身の哲学者、社会批評家。神父として活動したのち、ローマ・カトリックを批判して教会活動を離れる。その後、学校や医療といった社会的サービスの根底にある権力が人間の自立性を損なわせていると主張し、脱学校論などを提唱した。

学校化」と呼んだ。教育が学校化すると、進級することが学んでいることと同一視されるようになり、やがて人々は、自分よりも余計に学校教育を受けた人に対して劣等感を抱くようになる。そして学校の外で、教師抜きで学んだことがどれほど貴重であっても、そのことには目を向けなくなってしまうのである。

イリイチは、人々が学校で価値を受け取り、学校教育に価値を見出すようになるにつれて、想像力までも学校化されていくことに警鐘を鳴らしている。想像力が学校化された人々は、あらゆるシーンで社会的な諸価値を考慮する代わりに、制度や専門家のサービスを受け入れ、それに従うようになる。勉強とは「学ぶ」ことではなく「教えられる」ことだと思い、医者の指示に従っていれば健康に注意していると思い、警察に保護されていれば安全だと思う。学習・健康・安全などの価値が、その価値を実現する道具であるはずの制度によって提供されるサービスを受けることにすり替わり、サービスが充実していれば価値が実現されていると思い込む。そうして専門家に価値を委ね、人々は自律的に考えることを放棄してしまうようになるのだ。イリイチは、こうした社会を「**学校化社会**」と呼び批判したのである。

イリイチはこうした事態の打開には、学校制度の廃止も視野に入れるべきだと論じている。高校の勉強が進学や就職のための手段になり、大学の講義すら就職対策講座になりつつあるいま、勉強とは「教えられる」ことではなく「学ぶ」ことだと訴えるイリイチの主張に、改めて耳を傾ける必要があるのではないだろうか。

参考文献

『戸籍制度と「家」制度　「家」制度の研究』福島正夫編、東京大学出版会
『核家族と子どもの社会化　上・下』タルコット・パーソンズ、R・F・ベールズ、黎明書房
『ライフコースの社会学』嶋崎尚子、学文社
『ジェンダーと歴史学』ジョーン・W・スコット、平凡社
『〈子供〉の誕生』フィリップ・アリエス、みすず書房
『精神・自我・社会』G・H・ミード、人間の科学社
『道徳教育論』エミール・デュルケーム、明治図書出版
『実践理性──行動の理論について』ピエール・ブルデュー、藤原書店
『脱学校の社会』イヴァン・イリイチ、東京創元社

第❸章　労働と消費

働くことは消費することである

結局のところ、ひとは自分の欲望を愛しているのであって、欲望されたそのものを愛しているのではない。

（ニーチェ『善悪の彼岸』ちくま学芸文庫p．144）

労働の本質

▼史的唯物論

極端なことをいえば、資本主義社会にとって私たち人間は単なる従属物である。というのも、資本主義社会の主体は「**資本**」それ自体だからである。資本が利潤を生み、利潤が資本となって新たな利潤を生み出す「**資本の自己増殖**」過程において、私たち人間は脆弱な媒体であるに過ぎないのだ。こうした「**近代資本主義**」社会に対して根源的な批判を投げかけたのが、**カール・マルクス**であった。マルクスによれば、人間とは「生産＝労働」する生き物である。生きるために「自然」と関わり合い、モノを生産するのが人間の本質的な営みである。そしてまた、それは経済の基礎を成すものでもある。しかるに、マルクスが近代資本主義社会を批判的に検討するにあたって、着目したのは生産の仕方であった。

マルクスは、労働の手段や技術、原料などの「**生産力**」と、「地主－小作」や「資本－労働」などの「**生産関係**」が、封建制や資本主義といった「**生産様式**」を規定すると考えた。彼によれば、社会内部で生産力が発達すると、それに応じて生産関係に軋轢（**階級闘争**）が生じて、やがて生産関係が変革される。生産様式は、

一口メモ

カール・マルクス（Karl Marx　1818～1883）　ドイツの思想家。ヘーゲル哲学や古典派経済学を批判的に検討し、独自の経済理論を打ち立てた。彼の思想は、19世紀後半から20世紀にかけての社会科学に決定的な影響を及ぼしただけでなく、ソ連をはじめとした社会主義国家の建設をも導いた。

このようにして発展していくと考えられたのである。こうした生産様式の発展を、一つの歴史の運動法則とみなす理論体系は、「**史的唯物論**」と呼ばれている。

史的唯物論によれば、生産関係は、社会の経済構造の本質であり、これが社会の「**土台（下部構造）**」となって、その上に政治や法、文化といった社会的意識の諸形態を「**上部構造**」として成立させ、全体において「**社会構成体**」を形作っている。

こうした社会の把握の仕方は、一見すれば生産関係がすべてを決定するように見えることから、**経済決定論**であると批判する者もいる。しかし、それは誤解であって政治や文化もまた経済に影響を与え得るのであり、むしろ史的唯物論は、上部構造と下部構造の作用・反作用の仕方に関心を寄せるものなのである。

ところで、資本主義社会では、多くの人々が分担された仕事をする賃金労働者として働くことを余儀なくされる。そして、人間の本質的な営みであるはずの生産は、人間の手を離れ、資本蓄積の従属物になる。このような近代社会の労働形態をマルクスは「**類的本質からの疎外**」として批判する。近代の賃金労働は、他者や社会、そして自然との本質的な関係から人々を疎外し、自分を見失わせてしまうというのだ。また、マルクスは本質的な関係が市場の合理性に支配され、モノとモノとの関係のように疎遠な対抗的な威力として現象することを「**物象化**」と呼んで批判している。こうしたマルクスの近代資本主義社会への根源的な批判は、今日においても、人間と経済との関係を問い直すポテンシャルをいささかも失ってはいない。

儲ける者は救われる

▼資本主義の精神

必要な物を買うためだけに仕事をして、あとは自分の余暇のために時間を使う。こうした生き方には誰もが憧れる。しかし、現実にはなかなかそうはいかない。むしろ「時は金なり」で、経営者も労働者も、誰も彼も寸暇を惜しんで利潤を追求し、仕事にやりがいや生きがいを求め、また見出してもいる。ドイツの社会学者**マックス・ヴェーバー**は、こうした私たちの日常に宿る精神を「**資本主義の精神**」と呼ぶ。私たちのこの精神は、いったいどこから来たのだろうか。

ヴェーバーによれば、その起源は、プロテスタンティズムの「禁欲」的な生活にある。プロテスタンティズムの源流をつくった**マルティン・ルター**は、職業というものは神が各人に与えた使命（**天職**）であり、職業労働に勤《いそ》しむことは人間の義務に適う行為であると教えていた。それゆえ、プロテスタントは、利潤の追求のためではなく信仰のゆえに、神の意志に合わせてひたすら職業労働に励む禁欲的な生活を送ったのである（**世俗内禁欲**）。このようなルターの教説に加え、**ジャン・カルヴァン**の説いた**予定説**もまた、プロテスタントを禁欲的な職業労働に追い立てるも

一口メモ

マルティン・ルター（Martin Luther　1483～1546）　ドイツの宗教改革者。教皇の免罪符の無意味と不当を指摘する「95か条の意見書」を公表し、宗教改革の口火を切る。聖書をキリスト教の唯一の源泉にしようというルターの呼びかけは、プロテスタント諸教会のみならず、カトリック教会にも大きな影響を与えた。

のであった。予定説とは、神による救済は、現世での行ないに左右されることはなく、救われる者はあらかじめ決められていて、それは神のみぞ知ることであるという教説である。このカルヴァンの教説は、人々に絶対的な孤独と不安を与えたが、それはプロテスタントも例外ではなかった。けれども、彼らは救済への不安を悪魔の誘惑であると斥け、自分は神に選ばれているという自己確信を得ようと、勤勉と節約を旨とする禁欲的な職業労働にいっそう打ち込んだのである。

こうしたプロテスタントの禁欲的な職業生活は、意図せざる結果として、彼らに多くの富をもたらした。しかし、彼らは欲望や快楽を厳しく戒めていたので、得られた利潤を貴族的な消費活動に使うことなく、職業労働のために再投資したのである（**拡大再生産**）。この繰り返しによって、期せずして資本が形成され合理的な産業経営の機構組織がつくられていった。ここに至って、資本が利潤を生み利潤が資本となる**資本の自己増殖**という資本主義の特徴や、その精神が現われるのである。

ところが、ひとたび合理的な経営機構ができあがると、その維持のために利潤を獲得することが必要となり、それまで信仰のゆえに営まれてきた職業労働は、今度は利潤獲得のための経済的な強制となって人々を追い立て、生活のスタイルを決定するようになる。ヴェーバーは、このようにしてできた資本主義社会を「**近代の鉄の檻**」と呼び、やがて「精神のない専門人」や「心情のない享楽人」がわが物顔で跋扈《ばっこ》する社会が到来すると考えていたのである。

労働と消費
023

人間の条件

▼労働・仕事・活動

「仕事が生きがいだ」という話を聞くと、羨ましく思う人もいるかもしれない。大抵の人にとって、人生に占める労働時間の割合は非常に大きいわけだから、「生活のため」と不承不承仕事をするよりも、その時間に生きがいを見出せるなら、それに越したことはない。仕事に従事している人は誰でも、経験的にそう感じているはずだ。しかし、**ハンナ・アレント**によれば、労働に単なる経済活動以上の価値や意味を付与するようになったのは、近代になってからのことである。

古代ギリシアでは、労働はあくまで奴隷が行なうものであり、生活の糧を得るためだけの卑しい行為であるとされていた。中世でも労働は手段に過ぎなかった。ところが、近代の黎明期にあたる宗教革命の時代に、**マルティン・ルター**が、労働を「**神の召命（天職）**」、つまり、神によって授けられた使命だと説いたことで、それまでの労働観は大きな変化を遂げた。労働は卑しいものどころか、神の栄光を示すものとなったのだ。さらに、**ジョン・ロック**が、人は自分の労働によって生み出したものに対して所有権を持つと主張し（**私的所有権**）、**カール・マルクス**が、人間

一口メモ

ハンナ・アレント（Hannah Arendt　1906～75）アメリカの政治哲学者。ユダヤ系ドイツ人として生まれ、ナチス政権成立後、アメリカに亡命。この亡命体験を基礎に、ナチズム、スターリニズム等の全体主義国家の歴史的位置と意味を分析。現代世界と現代人の精神の危機的構造を深層から鋭く洞察。

は労働においてこそ自己実現が可能であると論じたことで、労働の地位は飛躍的に高まったのである。

しかしながら、アレントによれば、労働の地位の高まりは手放しで喜べるものではなかった。というのも、それにより古代ギリシアの人々が重視した「政治的なるもの」への関心や行為は希薄になっていったからである。つまり、資本主義経済の席巻（**社会的領域**の誕生）が、人々の眼を経済問題に釘付けにしたことで、人々の中から公的領域への関心や関わりが失われていったのである。

アレントは、こうした歴史認識に基づき、人間が生存していくために必要不可避な行為を「**労働**」、何らかの目的に即して手段となる行為を「**仕事**」と呼び、さらに生活の必要や目的＝手段関係に囚われず、自発的に他者と関わる行為を「**活動**」と呼んで区別した。そして、この三類型の中で、アレントが最も高く評価し、「**人間の条件**」であるとさえしたのが「活動」であった。というのも、他者と交わり、利他的に振る舞えるのは人間だけだからである。このように人間の生活のあり方を区別したアレントの眼から見れば、経済問題に釘付けとなり、「生活のため」に人生のほとんどの時間を使う生き方は、人間であることを放棄するのにも等しい。

私たちは、古代ギリシア市民のように、労働を奴隷に押しつけて、活動に終始できるわけではないが、公共のために物事を考え、政治に参加する自由を多少なりとも持っているということを、少しは思い出す必要があるのではないだろうか。

労働と消費
024

幸せの測り方

▼ケイパビリティ

幸せとはなんだろうか。お金やものがたくさんあり、好きなものやサービスを好きなだけ消費できれば、「幸せ」なようにも思える。だが、どんなにお金があっても、やりたいことができず、なりたいものになれず、行きたいところに行けなければ、幸せとは感じられないだろう。逆にそれができるなら、たとえ貧しくても幸せだと感じられるかもしれない。**アマルティア・セン**は、これまでの経済学が所得や消費量で人々の幸不幸を判断してきたことを批判して、幸せ（well-being）とは、生き方の幅、つまり「なれるもの」や「できること」の選択可能性の幅に関わるものだと論じている。センは、選択可能性の幅のことを「**ケイパビリティ**」（**潜在能力**）と呼ぶ。センによれば、ケイパビリティは、たとえば、「栄養が足りている」「安全なところに住む」「自尊心を持つ」など、個人が価値を見出すことのできるさまざまな状況や行動——これを「**機能**」とセンは呼ぶ——の集合のことである。こうした観点から、センは、幸福であるか否かは、ケイパビリティの中から、自分の「なりたいもの」や「したいこと」に沿って、自分が望ましいと思う状況や行動を

一口メモ

アマルティア・セン（Amartya Sen　1933～）　インドの経済学者。ミクロ経済学の視点から貧困のメカニズムを解明。経済の分配・公正と貧困・飢餓の研究における貢献により、1998年にノーベル経済学賞を受賞。適応選好、潜在能力（ケイパビリティ）アプローチ、「人間の安全保障」などの概念は、世界的にも知られる。

実現できる程度に依存すると述べている。ケイパビリティの中から、実際に何を望み、何を選択するのかは本人の問題だが、センは、ある個人が存在する機能を選択できない状況にあるときには、社会がそれを補う必要があると考えている。

ケイパビリティという概念は、たとえ本人が自分にとって最善だと思う選択をしており、主観的には何の問題も生じていない場合にも、「福祉」を考えることを可能にする。たとえば、適切な介護を受ければ快適な生活が送れる人であっても、介護人の負担を考えて、より低いレベルの介護を選択する場合がある。病気を抱えていても、会社を休んだ分の減給や医療費を憂慮して、通院せずに働き続ける人もいる。これらの場合、当人は自分の選択を最善だと思っているから、問題としては現われてこない。しかし、だからといってそれを社会的に放置してよいのだろうか。長い間抑圧されてきた人は、批判を恐れ、自然と低い水準を望むようになっているかもしれないのである。だからこそ、センは、ケイパビリティへの着目を促すのである。人々が自分の福祉をどのようなものと考え、どのような基準で判断するようになっているのか、それが問われなければならないというわけである。

無論、どのようなケイパビリティを保証すべきかは、人々の主観的評価に基づくものでも、それらを超越した客観的事実として先験的に与えられるものでもない。それは、人々が自らの関心を振り返り、多様な関心と選択肢の中から、何が公共的な判断に相応しいのかを話し合うことを通じて、見出されるべきものなのだ。

労働と消費
025

強制から共生へ

▼シャドウ・ワーク

「縁の下の力持ち」といえば、たくましく頼りがいのある存在を思い浮かべるかもしれない。しかし多くの場合、見えないところで献身的に働いているのは、か弱き人々である。しかも彼らは好き好んでそこで働いているのではなく、そうせざるを得ないでいることがままある。たとえば、日本経済を根底で支える労働力であるパートやアルバイト、派遣社員などは、正規雇用者に比べて非常に不安定な立場にある。その労働賃金の安さや雇用形態の不安定さにもかかわらず、正規雇用者となる機会に恵まれないでいる人々は、生きていくために過酷な労働条件でも受け入れざるを得ないのだ。私たちの社会は、正当な労働対価を得ている賃労働者だけではなく、不当ともいえる対価しか得ていない人々の存在によってはじめて、いまあるような姿を保つことができているのである。つまるところ、資本主義経済というのは、縁の下に押し込められる人々を産み出しながら、そうした人々によって支えられ、利益を上げるシステムなのである。このように喝破したのは、哲学者**イヴァン・イリイチ**であった。

シャドウ・ワーカーズ

イリイチは縁の下に押し込められた人々を「**シャドウ・ワーカーズ**」と呼び、彼らが従事する仕事を「**シャドウ・ワーク**」と名付けた。彼は主婦の家事も支払われない労働であり、夫が仕事に支障を来さないように影で支えるシャドウ・ワークにほかならないと考えた。もっとも家事労働への批判的研究に先鞭をつけたのはフェミニストであったが、イリイチは人々が「自発的に」シャドウ・ワークに従事するようになる社会それ自体をも問題にした。イリイチは一九八一年に上梓した『シャドウ・ワーク』では、私たちの生きるこの社会は、「人々が自分自身を破滅させる行為へと参加するように組み立てられた社会組織」であると述べている。医者にかかること、望まない教育を受けること、そしてレジャーを謳歌することでさえ、イリイチはシャドウ・ワークであるという。というのも、それらは人間の自立的な生活には、本来必要のないものだからである。よりよい人生を送るための「自助」と見える活動も、資本主義経済が促し、そのシステムを肥大させるためのものであるかもしれない。イリイチはそう警告しようとしたのである。

影へと追い立てられていながら、当人は自主的に進んでいると錯覚する社会から脱し、人々が真に「**共生**」していくには、市場経済が広まる前の「**ヴァナキュラーな活動**」、すなわち自立的な生活を取り戻さねばならないとイリイチはいう。しかし、イリイチ自身、具体的な処方箋は出していない。仮にイリイチの指摘通りなのだとしても、残念ながら、いまある生活様式を捨て去るのは容易なことではない。

労働と消費 026

商品としての真心

▼感情労働

職場やバイト先では、お客様にはいつでもどんな状況でも笑顔で接するように、と指導を受ける。どんな理不尽な要求に対しても、自分の感情を抑えて接客することが求められる。サービス業があふれる現代社会では、笑顔や元気さといった本来は商品ではないものが、事実上売られているのである。「心からの笑顔」「元気な声」「明るい表情」——こういった感情をコントロールする必要のある労働を、**アリー・ホックシールド**は「**感情労働**」と呼んだ。

労働という形でなくても、私たちはさまざまな場面で感情のコントロールを求められている。空気を読んで、お葬式では悲しくなくても悲しげに振る舞わなければならないし、パーティではできるだけ明るく振る舞わなければならない。感情労働とは、このようなコントロールを仕事の道具として使う、ということだ。作業機械が発達して肉体労働が減ったり、コンピュータが発達して頭脳労働が減ったりする中で、感情労働だけはまだ、人間にしかできない仕事として残されている。

感情労働には二種類あるといわれる。一つが「**表層演技**」、もう一つが「**深層演**

一口メモ

アリー・ホックシールド（Arlie Hochschild　1940～）アメリカの社会学者。「感情社会学」という新しい分野を切り開いた理論家であるとともに、カリフォルニア大学勤労家族センターにおいて、女性の就労をとりまく種々の社会問題への実践的な取り組みを行なってきた行動家でもある。

技」だ。表層演技では、本当にそう思っているかどうかに関係なく、上辺だけでも感情の読める表情がつくれていればいい。深層演技には反対に、心の底からの感情のコントロールが求められる。文字通り「真心を込める」ことが要求されるのだ。

多くの場合サービス業で求められるのは、深層演技である。感情労働は、サービスの受け手には一度きりのことでも、サービスする側にとっては繰り返しの業務である。一所懸命真心を込めて接客しても、邪険に扱われることもあろう。繰り返しの業務において、真心を込めたサービスは、サービスする側に多くの負担を強いるものなのだ。負担が過ぎると心身ともに疲れ果て、燃え尽きてしまうことがある。これを「**バーンアウト**」（**燃え尽き**）と呼ぶ。燃え尽きを避けるために表層演技に切り替えようとしても、かえって自分がロボットのように感じられたり、罪悪感を覚えたりして、精神的な負担が募るケースは少なくない。

ホックシールドは、感情労働に従事する機会が増えるにつれ、人々は「本当の感情」を、回復する価値あるものと考えるようになっている、という。しかし感情の持ち方（**感情規則**）は、社会的に規定される側面も大きく、そもそも何が「本当の感情か」は一概にいえるものではないのだ。むしろ考えるべきなのは、燃え尽きや罪悪感を回避するための生活環境の整備である。自分の思考の傾向や、自分が置かれている状況をよく自覚すること、そして仕事でのストレスを打ち明けることのできる仲間を見つけること、これが何よりも大切なのである。

経済を越える経済学

▼レギュラシオン理論

世界経済が不況に見舞われた一九七〇年代以降は、「低成長時代」と呼ばれてきた。なぜ、こうした経済不況は起こるのか。それは避けられないことなのか。

アダム・スミスを代表とする古典派経済学では、経済は需要と供給の均衡によって自動的に調整されるとした。モノが余れば値段は安くなり、不足すれば値段は高くなるというように、経済は「**神の見えざる手**」によって自動的に調整され、最大の効率を上げると考えられたのだ。これに対し、**ジョン・メイナード・ケインズ**の理論を基礎とするケインズ経済学（ケインズ主義）では、政府が市場に介入しなければ経済の安定はないとする。経済学は、この二大潮流が基本にあるといえよう。

一九七〇年代までは、ケインズ派理論に従い、政府が市場に介入することによって、経済の安定が保たれていた。しかしながら、金とドルの交換停止（ニクソン・ショック）や第一次石油危機などにより、次第に政府の経済的介入だけでは、経済は安定しなくなっていった。

こうした事態を踏まえて、**ミシェル・アグリエッタ**や**ロベール・ボワイエ**らは、

一口メモ

ミシェル・アグリエッタ（Michel Aglietta 1938～） 理工科大学卒業。パリ第 10 大学教授。フランスを代表する金融・通貨問題の専門家。レギュラシオン学派の創始者。

賃労働関係、競争形態、国家形態、国際体制などの「**制度的諸形態**」を分析する必要性を訴え、「**レギュラシオン理論**」を提示したのである。

レギュラシオン理論は、安定的な成長をもたらす企業の生産活動や人々の消費に関わる社会的な諸関係（**蓄積体制**）だけではなく、その生産と消費を支える諸々の政治・社会的な諸制度（**調整様式**）の分析にも重点を置いている。レギュラシオン理論の斬新さは、調整様式を、行政・政治制度のみならず、学校やマスメディア、あるいは価値体系なども含めて、幅広く捉える点にあるといえる。

アグリエッタらの説明によれば、一九二〇年代から六〇年代までは、蓄積体制は、高賃金の非熟練労働を特徴とする**科学的管理法**が中心を成した（**フォード主義的蓄積体制**）が、調整様式としては、自由競争市場が前提にされていた（**競争的調整様式**）。しかし、社会全体としては労働者の賃金は低く抑えられ、そのため、効率的な生産が生み出した大量の商品は売れ残って、終には大恐慌を迎えることになる。第二次世界大戦後は、政府が市場に介入して経済運営に影響を与え、年金や医療保険などの制度が整ったこともあり（**独占的調整様式**）、生産性の向上と賃金上昇が連動して、かつてない高度経済成長がもたらされたのである。

このような分析を踏まえ、アグリエッタらは、今日の資本主義経済の「危機」は、生産性が限界を迎え、労働者の賃金要求や蓄積体制を維持するコストが、利潤を上回るようになったことに原因があると主張している。

労働と消費
028

不器用な人には価値がない

▼ポストフォーディズム

二〇世紀初頭のアメリカで、革新的な生産システムが考案された。**ヘンリー・フォード**が採用したその名も**フォード・システム**は、自動車の生産過程を徹底的に単純化、規格化、合理化し、製品のそれまでにない大量生産を可能にしたのである。それは単に自動車生産の革新であるのみならず、「大量生産・大量消費」という時代体制、「**フォーディズム**」として、のちにフランスの経済学者集団である**レギュラシオン学派**が注目するところとなった。

しかしレギュラシオン理論によれば、フォーディズムは一九七〇年代には衰退する。これ以降、社会は、「大量生産・大量消費」から「多品種・少量生産」の時代に入ったのであった。これはフォーディズムの「後の（ポスト）」という意味で「**ポストフォーディズム**」の時代と呼ばれる。

ポストフォーディズムの重要な論点の一つは、それが特有の労働者のタイプや労働形態を作り出す点である。大量生産の時代、労働形態は大きく構想（企画）と実行に分かれ、労働者は単純化・細分化された単純労働を基本としていた。しかしポ

一口メモ

レギュラシオン理論　レギュラシオンとは、「調整」の意味である。1970年代のフランスにおけるマルクス主義経済学の再生運動の側面をもつ。戦後の資本主義体制を特徴付けるものとして、フォーディズムおよびポストフォーディズムの概念を提唱した。

ストフォーディズムと呼ばれる生産方式は、細かなニーズに合わせて「必要なときに必要なだけ」の、無駄のない製品生産を目標とし、またそれを遂行できるような、構想と実行を同時にこなす**フレキシブル**（柔軟）な労働者や労働形態を要求する（たとえば、トヨタの**ジャストインタイム・システム**）。

このような変化は、労働者を、従来の単純労働し続ける工場の歯車ではなく、自己実現を含んだやりがいある仕事へと開いていく側面を持つのかもしれない。すなわち「**労働の人間化**」である。日本の労働現場で見られる**QCサークル**活動のような、自己啓発・相互啓発を基調として、製品の品質向上を目指す自発的な労働者のサークル活動も、ポストフォーディズム体制を土壌として営まれているといえる。

しかし他方で、このポストフォーディズムが必ずしも労働者にとってよい労働環境を提供するとは限らない。事実、現代の労働現場における、より個々人の創造性を重視するという職能の変化は、労働者や求職者に対して、極端に高度なコミュニケーション能力や、身体的・精神的タフネスを要求している。また必要なときに必要なだけという合理的でフレキシブルな生産体制は、必要なときに必要なだけの「弾力的雇用」を必要とするから、そこでは大量の非正規雇用者が生み出され、社会問題となっている。

人間化、自発性、柔軟性。聞こえのよいスローガンは少し斜に構えて付き合っていくべきだ。それが社会学が私たちに教える、現代社会を生きるコツである。

労働と消費
029

意味を買いモノを消費する社会

▼ボードリヤールの消費社会論

「あれが欲しい、これが欲しい」という欲求は、本当に私たち自身のものなのだろうか。いま欲しいと思っている商品とまったく同じ機能を有するものを、私たちは大抵の場合すでに持っているのではないだろうか。服もあれば、靴もあり、カバンなどはいくつも持っていることだろう。私たちは、使用に当たって同じ機能を有する商品をたくさん所有していながら、しかし、それでも新しいものを欲し、買い求める。現代社会に生きる私たちは、その商品の機能（**使用価値**）だけを求めて商品を購入する生活から、はるか遠いところに暮らしている。

必要以上に欲し消費する生活は、一方では生産を促し、技術を向上させて人々の暮らしを豊かにする原動力となるが、他方では資源を食いつぶし日々の暮らしに支障をきたす源泉ともなる。必要以上の消費は、私たち個々人の行為でありながら、個々人の意図をはるかに越える影響を及ぼすものでもあるのだ。「個々人の意図をはるかに越える」というのは、何も行為の結果に限ったことではない。消費への欲求もまた、私たち個々人の意図に基づいているようで、その実、個々人の意図をは

一口メモ

ジャン・ボードリヤール（Jean Baudrillard　1929～2007）　フランスの社会学者。構造主義、記号論の影響下に、記号としてのモノについて考察。批判原理としての象徴交換を説き、脱工業化時代の消費、再生産のありようを分析した。

るかに越える影響を受けたものなのである。たとえば、流行という現象がそれを端的に示している。欲求は絶えず市場で生み出され、私たちの消費意欲が掻き立てられている。「欲しい」という欲求は、いまでは私たちの生理的な欲求とは、まったく別の原理に基づいているのである。

フランスの思想家**ジャン・ボードリヤール**は、欲求と消費が無限循環するようになった社会を「**消費社会**」と呼び、もはや社会の主人公は私たち人間ではなくなったと論じている。私たちは「消費力としての個人という新型の奴隷」であり、消費社会を動かす歯車にすぎないというわけである。彼によれば、消費社会では、私たちが欲し購入しているのは、商品自体でもなければ、商品の持つ機能でもない。私たちが欲し購入しているのは「**意味**」であるという。消費社会ではあらゆるモノが意味を持ち、あらゆる「商品」は意味を示す「**記号**」として存在している。意味は、モノ自体に宿る性質や属性ではない。モノの持つ意味とは、産業的に生産される他のモノとの差異のことである。ボードリヤールは、商品は「その物質性においてではなく、**差異**において消費される」と述べている。

なぜ、どうして私たちが生理的な必要以上にモノを買い求めるのか。それは差異を示す記号としての商品を所有することで、私たち自身も意味付けされるからにほかならない。しかし、私たちは本当に差異を獲得し得ているのだろうか。差異を求めて消費意欲を煽られる均質な記号＝存在となってはいないだろうか。

何でもマニュアル化

▼マクドナルド化

あなたは、コンビニで買い物をする時、いつも店員とどんな会話をするだろうか。「はい」「いいえ」「ありがとう」のほかには何を話すだろう? とっさには思い付かないのではないだろうか。

私たちはいまや必要最小限の会話だけで、あるいはまったく会話をせずとも欲しいものが購入できる。私たちは、パッケージが同じであれば、中身も同じで、値段も同じであることを知っている。ファミリーレストランやファーストフード店でも、同じ系列であれば、いつでもどこでも同じ品質の商品が提供され、同じサービスが受けられることを知っている。つまり、私たちは世の中には**規格**というものがあり、それによって商品やサービスが一定に保たれていることを知っているのである。規格があるおかげで、一度経験すれば次からは迷うこともなく、商品やサービスをその都度チェックする必要もない。店員のほうも消費者がすでに情報を得ていると期待できれば、接客の労力は最小限で済む。というわけで、消費者と店員の双方が、たとえ無言のままであったとしても事足りてしまうのだ。しかしこれでは、他の店

一口メモ

ジョージ・リッツァ（George Ritzer　1940～）　アメリカの社会学者。マクドナルドの経営理念とそれを象徴する合理化が、現代社会のあらゆる場所に浸透していることを指摘し、それをマクドナルド化（McDonaldization）と名づけた。

舗との差異がなくなり、熾烈な競争社会を勝ち残ることができなくなる。そこで、消費者に好印象を与えて来店を促すために、多くの産業では、あらゆる業務の徹底的なマニュアル化が進んでいる。その結果、対人的なコミュニケーションまでもが**規格化**される傾向が広範に見られるようになった。読者も「スマイル０円」などの標語や「はい、喜んで」といった紋切り型の対応を見聞きしたことがあるに違いない。このような、本来は対人関係をより円滑にする目的で導入されたマニュアル管理が、いまでは私たちの人格や主体性を蔑《ないがし》ろにすることも少なくない。

アメリカの社会学者**ジョージ・リッツァ**は、世の中の多くが規格などにより徹底的に合理化されていく傾向を、アメリカ文化を象徴するファーストフード店のマクドナルドに因んで「**マクドナルド化**」と名付けた。彼によれば、マクドナルド化は、いまや教育や医療・ジャーナリズム・ビジネス界にとどまらず、社会のあらゆる領域で進行しており、その特徴としては「**効率性**」「**計算可能性**」「**予測可能性**」「**脱人間化（制御）**」の四つが挙げられるとしている。

リッツァは、近代社会の黎明期に、**マックス・ヴェーバー**が近代の特性として批判的に見出した**合理化の非合理性**――すなわち合理化の過度な進展により人間にとって非合理な状況が生み出される事態――が、近代の成熟段階にある現代社会では、生産面のみならず消費面においても進展し、人間関係が非常に表層的かつ断片的になってきたことに警鐘を鳴らしているのである。

参考文献

『経済学批判』カール・マルクス、岩波文庫
『プロテスタンティズムの倫理と資本主義の精神』マックス・ヴェーバー、岩波文庫
『人間の条件』ハンナ・アレント、ちくま学芸文庫
『福祉の経済学—財と潜在能力』アマルティア・セン、岩波書店
『シャドウ・ワーク』イヴァン・イリイチ、岩波現代文庫
『管理される心——感情が商品になるとき』A・R・ホックシールド、世界思想社
『レギュラシオン——成長と危機の経済学——』R・ボワイエ、ミネルヴァ書房
『ポストフォーディズムの資本主義——社会科学と「ヒューマン・ネイチャー」』パオロ・ヴィルノ、人文書院
『消費社会の神話と構造』ジャン・ボードリヤール、紀伊國屋書店
『マクドナルド化する社会』ジョージ・リッツァ、早稲田大学出版部

第4章 都市と犯罪

都市は実験室である

好意的な空とぼけ。――人々と交わっているとしばしば、彼らの行為の動機をみぬいていないかのように、好意的な空とぼけが必要である。

（ニーチェ『人間的、あまりに人間的1』ちくま学芸文庫p．309）

都市と犯罪
031

都市は未来を志向する

▼都市

近代という時代は、農村の解体とともに過剰人口を「**都市**」に吸収し、無数の労働者を生んだ。そのために社会の不透明性は増大し、それを捉えるために社会科学の専門化と制度化が必要とされた。社会学もその一つといっていいだろう。都市への人口集中と都市圏の拡大は、やがて人々の生活様式をも変化させていく。

ところで、都市とは何だろうか。**ルイス・ワース**によれば、都市とは、「異質で、大規模な、高密度の人口からなる永続的な集落」である。また、**ピティリム・A・ソローキン**らのように、都市を農村と比較する試みもある。たとえば農村は、農業従事者が多く、人々の流動性が低く、特定の人々との接触が多い。他方で都市は、商工業従事者が多く、人々の流動性が高く、不特定多数の人々との接触が多いというわけだ。

とはいえ、農村の衰退とともに、農村と都市を比較するのではなく、都市自体の機能が着目されるようになった。**鈴木栄太郎**は、官庁・企業・文化団体など、さまざまな社会的交流のための「**結節機関**」の存在によって都市を特徴づけた。鈴木に

一口メモ

アーネスト・バージェス（Ernest Burgess　1886～1966）　アメリカの社会学者。シカゴ学派の代表的人物。とくに人間生態学的な地域構造の研究である「同心円地帯論」は、先駆的な業績として評価が高い。一方、家族や社会解体の研究に先鞭をつけ、家族が「制度から友愛へ」と推移すると主張。

よれば、より上位の都市にはより上位の結節機関があり、上位の都市と下位の都市は、その機関によって垂直的に関連づけられているという。また**アーネスト・バージェス**は、大都市では商業地域、工業地域、住宅地域などが分かれることに着目し、都市の「**同心円地帯論**」を主張した。それによると、都市の中心部には中央商業地帯（企業、銀行、デパート、繁華街など）がある。その周りを企業や工場によって侵食される推移地帯（インナーシティ）が取り囲む。さらに、その周りを労働者の住宅地帯と高所得者の住宅地帯が同心円状に取り囲んでいくというわけだ。こうした都市の地域形成は、経済的な分業と競合の結果だとされた。

さらに、都市の地域形成の発展は、「**インナーシティ**」や「**郊外化**」の問題を生じさせた。インナーシティは、企業や工場の移転が激しく、住宅街がスラム化することも多い。したがってそこでは、高い失業率、住宅環境の悪化、犯罪や非行の多発、民族マイノリティの問題などが生じやすい。また、交通の便がよくなり、都市圏が拡大すると、都心から離れた郊外から通勤する人々が生まれた。日本でも一九六〇年代の高度経済成長を背景に、大規模な郊外開発と人口流入が生じ、新しいライフスタイルが形成された。しかしその背後では、旧住民と新住民との対立や、地域共同体の解体や、それにともなう主婦層への子育てなどの過剰負担の問題などがあった。このように都市は、多様な人々を受け入れることによって、社会問題を先鋭化させてきた。いわばその姿は、常に社会の未来を先取りしてきたといえよう。

共にあることと共にすること

▼コミュニティとアソシエーション

街のゴミ置き場が動物や部外者に荒らされるようになり、それを解決するために地元の住民が集まって、ゴミ用ネットを配ったりパトロールをしたりするようになった、なんて話を聞いたことはないだろうか。ある地域に住む人々が何らかの必要に迫られて集団をつくることは珍しいことではない。**R・M・マッキーヴァー**は、ある程度共通の意識を持って同じ地域で生活している人々の集まりを「**コミュニティ**」と呼び、そのコミュニティの中から何らかの似たような関心や目的を持った人々が意図的に集まって作り出す集団を「**アソシエーション**」と呼んだ。

町内会も学校もＮＰＯも、すべて特定の目的を持っているアソシエーションだ。企業もまた、利益を生むという目的を持っているからアソシエーションだ。家族は、同じ地域で共同生活を送っているということからするとコミュニティだけれども、たとえば「子どもを育てる」という目的を持っていると考えるとアソシエーションだと見ることもできる。むしろ、近所付き合いが希薄になりがちな現代では、コミュニティをイメージすることは難しいのかもしれない。町内会というアソシエーシ

一口メモ

R・M・マッキーヴァー（Robert MacIver　1882～1970）　アメリカの社会学者。関心と態度という概念をもとに、社会的行為論・社会関係論に基づいてコミュニティ、アソシエーション、社会集合という類型概念を確立した。

ョンを通じて初めてコミュニティの存在に気づく。そんなふうに順序が逆転している可能性もあるだろう。

マッキーヴァーは、コミュニティが広がり、いろいろな人々が関わり合うようになると、その中にいくつものアソシエーションが生まれ、またそのことによって、さらにアソシエーションが機能的になっていくと考えた。マッキーヴァーによれば、国家もまたアソシエーションだ。私たちにとって国家は、しばしば自明な存在なので、共通の意識を持つ人々が住むコミュニティであると考えがちかもしれない。けれどもマッキーヴァーにとっては、まず人々のコミュニティがあり、その政治的要求を満たすために国家は存在するのだ。

このようにしてみると、マッキーヴァーは、アソシエーションを手放しで賞賛したように思えるかもしれない。けれども、マッキーヴァーが生きた二〇世紀の前半は、福祉国家が登場し、人々の生活のさまざまな側面に国家が介入し始めた時期だった。つまりマッキーヴァーは、コミュニティとアソシエーションを区別し、アソシエーションとしての国家の側面を強調することによって、逆説的にコミュニティを擁護しようとしたのだ。

今日、コミュニティという言葉は、その日本語訳である「共同体」とは異なり、肯定的なイメージで語られることが多いように思われる。けれども、その内実は、もはやマッキーヴァーが想定していたような自明なものではないのかもしれない。

資本としての人間関係

▼ソーシャル・キャピタル

中国には「有関係、没関係、没関係有関係」ということわざがある。他者と関係が築けているときには問題ないが、築けていなければ大問題であるという意味だ。社会学にもこのことわざによく似た概念がある。「**社会関係資本**」（**ソーシャル・キャピタル**）という概念である。このことわざ同様、多くの場合、人間関係は個々人の生活を豊かにする重要な財産として語られる。しかし、社会関係資本は、個々人の生活のみならず、社会全体を豊かにするものとして、人間関係を捉え直す概念でもある。つまり社会関係資本には、個人と社会に跨《またが》る二つの側面があるわけだ。

まず個人にとっての財産という意味では、**ピエール・ブルデュー**の議論が挙げられる。ブルデューによれば、人間の財産には三つの種類がある。第一は金銭などの**経済資本**、第二は教養や洗練された習慣などの**文化資本**、そして第三は人脈や信頼としての**社会関係資本**である。お金、教養、人脈、これらの資本はどれも生活を豊かにするものだが、社会関係資本は進学や就職、あるいは社会的に高い地位につくのに、とりわけ重要な資本であるとされている。

一口メモ

ジェームス・コールマン（James Coleman　1926～95）　アメリカの社会学者。ソーシャル・キャピタルという語を初めて用いる。合理的選択理論を土台に社会学の体系化に取り組み、その集大成である『社会理論の基礎』は、大きな注目を集めた。

社会にとっての財産という観点からは、社会的な財を四つに分類した**ジェームス・コールマン**の議論が重要だ。コールマンによると社会的な財は次のように分類される。インフラのような**物質的資本**、金銭などの**財的資本**、個々人の知識や技術といった**人的資本**、そして人脈や信頼をもとにした、ボランティア組織のような人々の協働を促すように機能する**社会関係資本**の四つである。

コールマンのこうした整理に従って、特に社会関係資本の重要性を改めて指摘したのが**ロバート・パットナム**だ。パットナムはイタリアでの実証的な研究の結果から、社会関係資本には、「**信頼・互酬性の規範・ネットワーク**」の三つの側面があるとしている。つまり、地域のほかのメンバーに対する一般的な信頼、他者に手を差し伸べることが将来の自分の助けとなるという規範意識、家族や親族を超えた幅広い人間関係のネットワークが、社会的な紐帯を維持・強化し、社会や人々を豊かにするというわけだ。また、社会関係資本の持つこのような側面は、民主主義を健全に機能させる必須の条件であるとも指摘している（『哲学する民主主義』）。

事実、パットナムのソーシャル・キャピタル論の登場以降、民主化を目指す多くの国々や、地域の活性化などを目指すコミュニティで、あるいは民主主義の形骸化を嘆く思潮において、社会関係資本という概念は注目を集めており、その維持・再構築が、今後の社会政策にとって最重要なファクターであると考えられるまでになっている。

実験室としての都市

▼シカゴ学派

社会学には、**モノグラフ**という研究スタイルがある。モノグラフとは、特定の個人や集団、社会制度などについて、それらを取り巻く状況も合わせて調査・記述したレポートのことで、質的調査の一つでもある。おそらくもっともよく知られているモノグラフは、アメリカの「**シカゴ学派社会学**」による「**シカゴ・モノグラフ**」だろう。一八六二年につくられたシカゴ大学社会学部は、大勢の移民を抱えたシカゴ市をフィールドに、数多くのすぐれたモノグラフを生みだしたのである。

一八五〇年代のシカゴは、増加する人口の約半分が移民だといわれるほど大勢の移民たちが住むようになっていた。この頃の移民は、主にプロテスタントを信仰し、英語を母国語とする人々だったが、一八九〇年代には、他の宗教を信仰し他の言語を話す移民が新たに定着した。一九二〇年代に移民が法律で規制されるまで、シカゴには、さまざまな文化的・社会的背景を抱えた人々が移り住み、多数の移民街がつくられていった。それぞれの移民街の住人は、人種や宗教をめぐる軋轢もあって、近くに住んでいても交流が少なく、それどころか、旧移民と新移民との間には争い

一口メモ

ロバート・パーク（Robert Park　1864～1944）　アメリカの社会学者。科学としての実証的・実践的な社会学を強調し、シカゴ学派の伝統をつくりあげる上で中心的役割を果たす。特に人間生態学の理論を樹立し、科学的な都市社会学の創始者として知られる。

が絶えなかった。そうしたこともあり、シカゴでは、貧困や犯罪、青少年の非行といった多くの社会問題が生じた。シカゴ学派は、このようなシカゴの「**社会解体**」的な状況を、「**実験室としての都市**」と捉え、相互に異質な言語や価値観を持つ人々が、いかにして新たな社会秩序を築いていくかに関心を寄せたのである。

シカゴ学派の中心人物であった**ロバート・パーク**と**アーネスト・バージェス**は、社会は「競争→闘争→応化→同化」という段階で進化するものと考えていた。この社会過程の進化の段階は、シカゴ学派によるシカゴの展望を表わすものでもあった。つまり彼らは、シカゴの移民たちはそれぞれの段階を経て、最終的にはアメリカ国民として同化し、新たな秩序を築くと考えたのである。こうしたシカゴ学派の展望の背景には、**心的相互作用**による社会の形成過程を研究した**ゲオルク・ジンメル**の影響があるといわれている。

パークやバージェスらの指導を受け、シカゴの各地区に入った研究者たちは、混沌とした社会状況をモノグラフにまとめながら、その研究成果をシカゴの政策形成に生かそうと努力した。彼らはただ単にシカゴの状況を描き出すのではなく、シカゴの特異な状況を、どのようにしたら一般化することができるのか、という点に腐心したのである。シカゴ学派がコロンビア大学が考案した量的調査をいち早く取り入れたのも、こうした関心からであった。科学的で実践的な調査に対する高い関心は、アメリカ社会学の顕著な特徴であるといえよう。

都市と犯罪
035

無関心こそがマナー

▼儀礼的無関心

　ある日あなたは、となり町まで買い物に出かける。電車に乗り、目的地に到着、お目当ての洋服はすぐに見つかり、ウキウキしながら先ほど帰宅。案外疲れるものだ。何をしたわけでもないのに……。何をしたわけでもない？　とんでもない。たかだか一時間たらずの旅路で、あなたは無数の事柄、社会学者のいう**社会的相互行為**をやり遂げたのだ。

　社会的相互行為とは、私たちが周囲の人々に働きかけたり、逆に働きかけられて、またそれに反応していくという、一連のプロセスのことである。社会は、場合によってはとるに足らないそんな微細な作用の積み重なりでできている。話しかけることはもちろん、ちょっとした身体所作から表情の機微にいたるまで、すべてがこのプロセスに関連しているのだが、興味深いのは、この社会的相互行為が「無関心である（と装う）こと」も含む点である。実際、社会学者の**アーヴィング・ゴフマン**は、「**儀礼的無関心**（**市民的無関心**）」という行動様式の存在を主張した。

　電車に乗っていたとき、景色を見ようとしたあなたは、向かいに座っていた男性

一口メモ

アーヴィング・ゴフマン（Erving Goffman　1922～82）　アメリカの社会学者。社会における一連の相互行為を、人々が互いに他者を意識して演技し合うプロセスとして分析するドラマトゥルギー論の提唱者。スティグマ（負の烙印）を持つ人々の振る舞いを論じた『スティグマの社会学』などが有名。

と目が合ってしまう。あなたはあわてて視線を泳がせ、無関心を装う。目を合わせたままでは睨んでいるようで失礼だから。ほっとしたからか、あなたのお腹は、突然大きく鳴り出す。思わず赤面。でもよかった、誰も気づいていない。いや、たぶん聞こえてはいるだろうけど、こんなとき紳士淑女は無関心を装うのがマナーだ。お互い様ということもある。となりで私をからかいたくて仕方がない様子の小学生には、誰かもう少し世の中の常識を教えておいてほしいものだけど……。

このように、少なくとも公衆として十分に成熟した人々は、ある種のマナーとして、しばしば偶然同じところに居合わせた見知らぬ他者に「私はあなたに関心がない」というメッセージを、それとなく送りあって生活している。だからそのマナー、すなわち儀礼的無関心は、知り合い同士が相手への嫌悪や軽蔑を示すために行なう無視とは、根本的に意味が異なっている。そこで演じられる無関心は、相手を恐れていないこと、敵意のないことを示すため、また相手の面子を保ち、尊重するためにこそなされるものである。それは私たちが、公衆の一員としてある以上、それとなく、しかし確実に要請されている、重要な振る舞いの一つである。

生活者の目で見れば何事も生じていない状況も、社会学の眼鏡をかけてのぞきこめば、無数の出来事で溢れた壮大なドラマになる。ごくごく見慣れた日常に、いままでとは別の形で出会い直すことができるのは、間違いなく社会学の大きな魅力の一つといえるだろう。

都市と犯罪
036

決めつける暴力

▼スティグマ／ラベリング

一九六〇年代、アメリカでは黒人解放運動や公民権運動が盛り上がりをみせた。黒人や女性など、社会的に弱い立場に置かれた人々に対する差別や偏見をなくすために、さまざまな努力がなされたのである。このような社会情勢を受けて、社会学においても、それまで社会的な弱者自身の問題とされがちだった差別や偏見の問題を、社会関係という視点から捉え直す議論が登場した。

一九六三年に**アーヴィング・ゴフマン**が上梓した『スティグマの社会学』では、差別や偏見が「**スティグマ**」（烙印）という概念によって説明されている。スティグマは、もともとは罪人、奴隷、家畜であることを示す焼印や刺青などの肉体的な刻印を示す言葉である。それをゴフマンは、差別や偏見を生み出す社会的な関係を表現する言葉として用いた。

たとえば、顔に大きな傷のある人がいたとしよう。「顔の大きな傷」は紛れもない事実だとしても、それ自体がスティグマなのではない。その「顔の大きな傷」によって、怖がられたり避けられたりするとすれば、そうした周囲との関係がスティ

一口メモ

ハワード・S・ベッカー（Howard Saul Becker　1928～）アメリカの社会学者。シカゴ学派に属する、ラベリング理論の主唱者として著名。一時期、シカゴの街でジャズピアニストとして活躍した時期があり、その際の体験やミュージシャンとの交流をもとに「アウトサイダー」について考察。

グマなのである。スティグマに晒《さら》された人は、その扱いを不当だと感じるにもかかわらず、やがて「常人ならざる者」という否定的なアイデンティティを引き受け、いっそう孤立していく、とゴフマンは述べている。

同じく一九六三年に『アウトサイダーズ』を上梓し、ゴフマンと同様、差別や偏見は社会関係によって生み出されるとしたのは、**ハワード・S・ベッカー**であった。ベッカーは、犯罪、非行、麻薬中毒といった社会規範に反する行為、いわゆる**逸脱**行為によって逸脱者が生まれるのではなく、周囲がその人に「逸脱だ」とラベルを貼ることで、逸脱者となっていくのだと論じた。これを「**ラベリング理論**」という。

たとえば、ちょっとだけ扱いにくい生徒に「不良だ」というネガティブなラベルを貼る。するとその生徒に対する周囲の扱いが変わり、それによって生徒自身のアイデンティティも変容して、本当に不良になってしまうということがある。

社会が逸脱というラベルによって逸脱者をつくる発想は、「何が逸脱であるか」ということ自体が、社会や時代によって異なるという事実に目を向けさせる。世界には飲酒が年齢を問わず逸脱行為とされる国がある。しかし、日本では飲酒が逸脱行為とされるのは未成年に限ってのことで、それも大正時代以降のことである。

ゴフマンもベッカーも、差別や偏見は社会関係の中で生み出されるものであり、差別や偏見を受けた人自身のアイデンティティにも影響を与えるものだと論じることで、社会的な弱者を力づけ、差別や偏見を抱える社会に見直しを迫ったのである。

都市と犯罪
037

犯罪があるのは健康の証？

▼犯罪の潜在的機能

犯罪は少ないほうがよい、というのは、極めて健全な感覚である。一般論として、犯罪を抑止し、また起こってしまった犯罪を速やかに収束させる努力には、敬意を表すべきであろう。しかしこのことを全面的に受け入れてなお、社会学者はこう断言する。「犯罪は、有益である」。

社会学者**エミール・デュルケム**がいうには、犯罪のない社会は存在しない。それどころか、ある一定比率の犯罪の存在は、その社会が正常＝健康だという証ですらある。たしかに、犯罪ゼロの社会があるといわれたら、それはわれわれの社会における不法な行為があちらに存在しないというよりは、その社会で行為を取り締まる警察機関が崩壊していると考えるほうが合理的なように思われる。要するに、犯罪とわれわれが呼ぶようなものは、どの社会にも付き物なのだ。

そしてまた、ある社会における道徳や法律の吟味は、犯罪の発生によって促されるということは否定できない。この点をデュルケムは強調する。新しい道徳や法律は、新しい犯罪の発生によって生み出されるのである。たしかに、その是非はとも

一口メモ

ロバート・K・マートン（Robert King Merton　1910～2003）アメリカの社会学者。タルコット・パーソンズと並ぶ機能主義理論の大家であるが、社会全体を対象とするグランドセオリーの理論家であるパーソンズと異なり、調査で得られた経験的命題とグランドセオリーを橋渡しする「中範囲の理論」で有名。

かく、新しい情報技術を用いたサイバー犯罪は、新しい道徳や法を生み出すきっかけになっている。

このような、意図されずして犯罪が社会の変化を生み出す事態は、**ロバート・K・マートン**という社会学者の「**潜在的機能**」という用語でうまく表現できる。マートンによれば、ある人物が行為の際にそれを通じて生み出そうとした作用や結果が、実際に現実に生じた場合、それを生み出した働きは、その行為の「**顕在的機能**」と呼ばれる。逆に、その行為が、当の行為者の意図しない作用や結果を生じさせる場合、それは、その行為の潜在的機能によって生じたといえるのである。たとえば、ある有能なプログラマーが、社会の注目を集めようとして有名企業のコンピュータを攻撃した場合、それによって得られた社会からの注目は、彼の行為の顕在的機能によって生じたといえる。他方で、それによってサイバー犯罪の議論が巻き起こり、新しい犯罪に対応した新たな法律や取り締まりの方法がつくられたりすれば、それは、彼の行為の意図せざる結果であり、その潜在的機能によって生じたということができるのである。

犯罪は社会の健康の証だとか、社会に有益であるとか、少なくとも生活者としての私たちには受け入れがたいテーゼを、社会学者はしばしば提示する。それは既存の道徳から彼らがいくぶんか自由であることを示すともいえるし、ある意味で社会学の醍醐味でもあるのだが、読者はそれをどのように感じるだろうか？

都市と犯罪
038

人生をまるごとサポート

▼管理社会

家庭、学校、工場、病院、刑務所。近代という時代に発達したこれらの組織に対して、社会学は厳しいまなざしを向け続けてきた。これらは、私たちの生活を支えるもののように見えて、私たちを社会に従属した存在へと作り上げていくものでもあったからだ。たとえば学校は、私たちを教育して有能な人間へと育て上げるけれども、その一方で、社会の秩序に自発的に従う主体へと矯正（**規律訓練**）していく、という具合に。

いまや私たちは、これら近代の産物が、いたる所で機能不全に陥っていることを知っている。だとすれば、先のような社会学者の心配は、もう過去のものなのだろうか？　答えはＮＯである。このことを哲学者の**ジル・ドゥルーズ**は、「**規律社会**」から「**管理社会**」への移行、という言葉で表現した。

規律社会において、人は家庭や学校、工場、病院、刑務所など、閉鎖環境を基本とするような場所に一定期間留め置かれ、そこで継続的な働きかけをうけ、自ら秩序に従順に従属する主体になっていく。しかし、それはあくまで期間限定の働きか

一口メモ

ジル・ドゥルーズ（Gilles Deleuze　1925～95）フランスの哲学者、哲学史家。ヒューム、スピノザ、ベルクソン、カント、ニーチェ、フーコーなど多くの哲学者を独自の視点で読み解き、また新しい独特の概念を生み出しながら自身の思想を展開した。文学、絵画、映画論にも多くの業績を残している。

けであって、家族からの独り立ち、学校の卒業、転職や解雇、病院からの退院、刑務所からの出所とともに終了する。しかし管理社会においては、教育は学校から、医療は病院から、監視は工場や刑務所からあふれ出し、生涯教育、デイケアや在宅介護、マーケティングや監視カメラという形で、人々の生をまるごと恒常的にまなざし続けるようになる。そこでは人は、終わりのない教育を受け、医療の論理に従属した生活をして、常に欲望を喚起され続け、犯罪者予備軍として扱われ続けるのである。

またドゥルーズによれば、現代の管理は、人間をデータの集積として扱う点に特徴がある。規律社会では、人は、**個人**として規格化されると同時に、その個人によって構成される**群れ**として制御されていた。しかし管理社会では、本来「分割不可能」という意味を持つ**個人**（Individual）は、監視によって集積される断片化されたデータとして**分割**（division）され、データベースの形で管理される。そのような情報テクノロジーに支えられ、人々は一生涯管理され続けるのである。

ドゥルーズは、この管理社会の到来を危険視してそれに警鐘をならし、その脅威への抵抗の形を模索している。かつての規律社会において、人々は、ストライキやサボタージュを抵抗の手法とした。また現在では情報テクノロジーを駆使したハッキングやコンピュータウイルスの類が、その新しい形といえるかもしれない、と彼はいう。しかし、来るべき抵抗の方途は、未だはっきりとは見えていない。

都市と犯罪
039

安全・安心のためならば？

▼監視社会

「**監視社会**」という言葉で、あなたは何をイメージするだろうか。真っ先に思い浮かぶのは、都市のいたる所に設置された夥しい数の監視カメラかもしれない。なんだか見張られているようでいい気持ちはしないが、記録映像を手掛かりに、つい昨日も凶悪殺人犯が逮捕されたというし、そもそも私はやましいことなど何もないのだから、公共の空間で少しばかり撮影されるくらい、我慢しておこう……。

だが、**デイヴィッド・ライアン**によれば、現代の監視社会の実態は、私たちの想像をはるかに超えている。ライアンによれば「監視」とは、「個人の身元を特定しうるかどうかはともかく、データが集められる当該人物に影響を与え、その行動を統御することを目的として、個人データを修正・処理されるすべての行為」と定義する。この定義によるなら、監視カメラの映像はもちろん、たとえば、インターネットの通販サイトに氏名、年齢、住所、電話番号、メールアドレス、クレジットカード番号を登録することも、かかりつけの病院で健康状態をチェックされカルテが作成されることも、監視社会への参画を意味していることになる。

一口メモ

デイヴィッド・ライアン（David Lyon　1948～）　カナダの社会学者。監視社会論の代表的な論客であり、情報技術革命とともに進展する監視社会化、またそこで生起する権力編成のあり方を論じる。そのほかポストモダニティ論、現代宗教論なども幅広く手掛ける。

特徴的なのは、現代の社会が情報技術を基礎としていることから、そこでの監視は「**身体の消失**」という現象を伴うことである。監視のテクノロジーは、私たちの生身の身体ではなく断片的な個人データに焦点を合わせ、それを保存・照合・修正・処理・売買・流通させることによって、間接的だが、だからこそ密かに、そしてより確実に、私たちに影響を与えるようになっている。

またこの監視が、同一のプロセスにおいて、**管理**と**配慮**という二つの顔を持つという点も重要である。実際、私たちが、いささかの抵抗感を抱きつつも、自分の個人データをどこかへ提供するのは、その不快さというコストを上回るサービス（配慮）を得られると考えるからである。私たちは、犯罪を抑止して安全・安心を得るため生活圏における監視カメラを許容するし、二割引きになるからとファストフード店に個人情報を渡す。窓口に何時間も並ばないでよいからと、戸籍や住民票の電子管理を認めるのである。安全・安心や快適さはとても魅力的な価値だから、私たちはしばしば、監視から逃れる自由を代価にしてそれを自ら求めている。

もちろん、個人的にはそれでよいという人もいるだろう。しかしこれはときに高度に政治的、倫理的な問題になる。安全・安心や快適さよりも監視からの自由を優先したいと思っている人が、データ提供を拒否することで社会から排除されたり、また排除されることを恐れて社会に同調するとすれば、それは明らかな抑圧である。監視社会の理論は私たちに、自由をめぐる重大な問題を投げかけている。

都市と犯罪
040

不安と排除の連鎖

▼排除型社会

「格差社会」という言葉が飛び交うのを聞けば、経済的（物質的）な不安が煽られ、凶悪犯罪に関する記事が紙面に躍るのを見れば、実存的（存在論的）な不安が掻き立てられる。「生活の糧」と「自己の尊厳」が危機に瀕している――報道は私たちに、このことを絶えず思い起こさせる。不安にどっぷりと浸された私たちは、いまや報道の虚実を考慮しない。犯罪は増えていない、格差は深刻ではないというデータを突き付けられても、それによってはもはや不安は収まらない。「そうなるかもしれない」という漠然とした見通しが、不安を確固たるものにするからだ。それゆえ、私たちは「用心深く、計算高く、世事に長け、保険統計的な態度」を取るようになっている。誰も彼も自分たちの安全や平穏を守ろうと必死なのだ。だから、たとえ同じ境遇にいても、あるいは自分たちよりも不遇でも、ひとたび自分たちの安全や平穏の障害になると見るや、激しい非難を彼らに浴びせるのである。

社会学者**ジョック・ヤング**は、このような社会を「**排除型社会**」と呼ぶ。彼によれば、一九七〇年代に入るまでは、社会は欧米を中心に、多様な人々を労働力とし

一口メモ

ジョック・ヤング（Jock Young　1942～）アメリカの社会学者、犯罪学者。犯罪問題を中心に社会的にも積極的な活動を行なっている。近著の『犯罪と処罰をめぐる新たなポリティクス』では、犯罪が落ち着いているにもかかわらず過剰な犯罪統制を行なう、ニューレイバー（「第三の道」）による排除的な政策を、厳しく批判している。

て積極的に受け入れる「**包摂型社会**」であった。しかしながら、生産から消費へと生活の重心が移る中で、社会の包摂性は次第に排除性に変容していったという。どうして消費が生活の中心になるにつれて、包摂性は排除性に変容していったのだろうか。ヤングの主張を順に追って見てみよう。

経済発展によってものが溢れ、誰もが同じ環境を生きるようになると、差異や多様な個性が価値を帯びてくる。つまり、同じものを持ち、同じものを食べ、同じような生活を送るのではなく、「自分らしく」生きたいという欲求が生まれてくる。こうした欲求は、包摂型社会に絡み合った二つの変化をもたらした。第一の変化は、共通の価値が相対化され、価値の多元化が促されたこと。第二の変化は、大量生産が見直され、入替可能な労働力よりも、独創的な構想力を持った人材が必要とされるようになり、雇用が不安定化したことである。かくして、確固とした「自分」を持ち、また能力がある人には住みよい世の中になった半面、多くの人にとっては、雇用の不安定化に加え、共通の価値が失われたことで、実存的な不安が生じやすい世の中になった。すると、人々は経済的不安から自己利益の確保のために他者に対して不寛容になり、同時に実存的不安から逃れるために、異他性を排除することで自らが所属する集団の価値を高め、自己の同一性を回復しようと試み始めるのである。ヤングはこう説明しつつ、私たちの課題は、新たな形態のコミュニティ、雇用の安定化、八百長のない報酬配分などをどう実現するかであると説く。

参考文献

『都市と農村』柳田国男、朝日新聞社
『コミュニティ――社会学的研究：社会生活の性質と基本法則に関する一試論』R・M・マッキーヴァー、ミネルヴァ書房
『哲学する民主主義――伝統と改革の市民的構造』ロバート・D・パットナム、NTT出版
『実験室としての都市――パーク社会学論文選――』ロバート・E・パーク、御茶の水書房
『集まりの構造』アーヴィング・ゴフマン、誠信書房
『スティグマの社会学――烙印を押されたアイデンティティ』アーヴィング・ゴフマン、せりか書房
『社会学的方法の規準』デュルケム、岩波文庫
『記号と事件――1972-1990年の対話』ジル・ドゥルーズ、河出書房新社
『監視社会』デイヴィッド・ライアン、青土社
『排除型社会――後期近代における犯罪・雇用・差異』ジョック・ヤング、洛北出版

第5章　政治と権力

政治とは日々の振る舞いである

支配する。——ある者は、支配欲からして支配する。他の者は、支配されないために支配する。——後者にとっては、それは二つの悪の中で小さい方の悪であるにすぎない。

（ニーチェ『曙光』ちくま学芸文庫p．207）

政治と権力 041

服従の理由

▼支配の三類型

多くの人間を支配するにはどうすればよいか。もっともシンプルなのは、腕力に訴えることだろう。しかし、単に暴力や脅しだけを後ろ盾にして人に命令しても、その場だけは従うかもしれないが、中・長期的にはむしろ反感を醸成するだけである。命令する側もまた、嫌がる相手に無理やり何かをやらせ続けるには、相当なコストをかけることになるだろう。つまり、被支配者の側が自発的に命令に服従する意思を持っていなければ、人間社会における支配は安定・持続しないわけである。それでは、被支配者は、どのような場合に自発的に命令に服従しようとするのであろうか。

ドイツの社会学者**マックス・ヴェーバー**は、自発的な服従を得てなされる支配を「**正統支配**」と呼び、それを三つのタイプに分類した。一つは、「伝統的に受け継がれてきた秩序だから尊重せねばならない」という理由による服従を当てにした支配（**伝統的支配**）、二つ目は、「皆で定めた正しい手続きを経てなされた決定には従わねばならない」という理由による服従を当てにした支配（**合法的支配**）、そして三

正統支配の３類型

1 伝統的支配
2 合法的支配
3 カリスマ的支配

つ目は、「とにかくすごい人だ」という、ある特定の人への心酔や情緒的帰依による服従を当てにした支配（**カリスマ的支配**）である。このうち、もっとも合理的なのは合法的支配であり、近代社会における支配は合法的支配にほかならない。支配の形態は、基本的には、非合理的な伝統的支配およびカリスマ的支配から合理的な合法的支配へ、という歴史をたどってきた。しかし、実際には近代社会における支配にも、「年長の男性のいうことをきく」といった伝統的な（非合理的な）要素や、圧倒的な人気を誇る政治家の登場のようなカリスマ的な（非合理的な）要素も混在している。これら三類型は、歴史的な経過を描いたものであると同時に、そうした「混ざり具合」を捉えるための基準（**理念型**）でもあるわけである。

こうした類型を用いながらヴェーバーが問いたかったのは、近代とは何かということにほかならない。その背後にあるのは、「**鉄の檻**」と化した近代への批判である。したがって、ヴェーバーにとってカリスマ的支配は他の二つとは違う特別な位置を占めている。というのも、合理的な機械へと化石化した社会に変革をもたらし、硬直化した人間に命を吹き込む者こそカリスマだからである。この「非日常性」こそ、合法的支配にも伝統的支配にもないカリスマ的支配の特徴であり、また危険性でもある（カリスマの危険性は、たとえばアドルフ・ヒトラーに見出せる）。もっとも、そうしたカリスマの非日常性も、時間がたてば不可避的に日常性に転じ、あるいは「**官僚制**」へと回収されていくのだが（**カリスマの日常化**）。

政治と権力
042

無機質な効率性

▼官僚制

何らかの大事業を成し遂げたければ、多くの人間を組織し、それを効率的に運営しなければならない。多くの人間を一つの目的に向かわせようとするものである以上、基本的にそれは上意下達のピラミッド状のシステムとなる。つまり、「**官僚制**」である。こうした官僚制は、古代エジプトの王朝から、ヨーロッパの絶対王政やキリスト教の教会、中国の歴代王朝、社会主義国家、そして資本主義国家にまで共通して備わっている。したがって、それは洋の東西、時代、政治体制を越えた、ある種、普遍的な支配の原理であるといえよう。しかし、にもかかわらず古代から現在に至るまで官僚制が何らの変質も遂げていないというわけではない。

ドイツの社会学者**マックス・ヴェーバー**は、近代の官僚制（**近代官僚制**）とそれ以前の官僚制（**家産官僚制**）とを区別し、両者の重要な違いを指摘した。すなわち、家産官僚制における官吏が主君と主従関係にあり、その任命・罷免、さらには生命までもが主君の手に委ねられているのに対して、近代官僚制の官吏は自由な意思に基づく契約によって官吏となっている。つまり、近代官僚制の官吏の身分は、法に

一口メモ

シリル・ノースコート・パーキンソン（Cyril Northcote Parkinson 1909～2003）　英国の歴史学者・政治学者。官僚組織の非合理性について「パーキンソンの法則」と呼ばれる法則を提唱した。官僚組織は、無用な仕事を創造してでも組織維持が図られるため、肥大化する傾向があると指摘した。

よって定められ、法によって守られているのである。

たとえば、彼らは毎月決まった額の給料をお金で受け取る。家産官僚制の場合のように、主君の気分次第で給料が増減したり、給料としてモノを渡されたりすることはない。こうしたことによって近代官僚制は、主君への人格的な忠誠や畏怖ではなく、特定の人物の意向とは切り離された（その意味で公平で**非人格的**な）規則群や合法性を拠り所として運営されることになる。このように官僚制は、民主制や法による支配という理念との折り合いをつけるようにして近代化され、また同時にそれによって、さらなる安定性と効率とが達成されもしてきたのである。

しかし、アメリカの社会学者**ロバート・マートン**は、近代官僚制には効率だけでなく非効率もまた伴うものであることを指摘した。たとえば、規則遵守という美点も、それが行き過ぎると、サービスの提供という本来の目的を達成することよりも、官僚制的な運営そのものを維持することが優先されたりするようにもなる、というわけである（**官僚制の逆機能**）。また、ヴェーバー自身、社会のあらゆる領域にこうした近代官僚制が行き渡った近代社会を称賛したわけでは決してない。彼は、それが型にはまった人間ばかりを生み出す温床となり、人間の生が矮小化されていってしまうことに警鐘を鳴らしたのであった。こうして近代官僚制の功罪の問題は、近代社会において私たちがいかに生きるかという問題につながっているのである。

自由に耐えられない人々

▼権威主義的パーソナリティ

進学するか否か、どのような職に就くか、どこに住むか、結婚するか否か。伝統的な社会では、こうした選択は大幅に制限されており、各人が自由に決定できたわけではなかった。農家の子は農家になるのが当たり前、結婚の相手は親が決めるのが当たり前、というわけである。他方、私たちの生きる近代社会は、古いしきたりや伝統的な束縛からは基本的には解放されている。その意味では、私たちは自由であるといえよう。多くの人は、過去を「古きよき時代」として憧れることはあっても、一度手にした自由を投げ出して、伝統的な社会にいますぐ戻りたいとは思わないだろう。決定は自分でしたいと思うのではなかろうか。しかし歴史を顧みれば、自ら自由を放棄して権威に従属した人々、たとえばナチスの独裁を熱狂的に支持したような人々もいたのである。それは熱病的・例外的なアクシデントだったのであろうか。あるいは自由を求める人間の本性からの逸脱とでもいうべきものだったのであろうか。

そうではない、とドイツ出身の社会心理学者である**エーリッヒ・フロム**はいう。

一口メモ

エーリッヒ・フロム（Erich Fromm　1900～80）　ドイツ出身の社会心理学者。個人精神分析論ではなく、社会現象に精神分析的方法を適用する分析的社会心理学を提唱。新フロイト派の代表的存在となる。

彼は、むしろ自由であることそれ自体が、権威に盲目的に服従するパーソナリティ（**権威主義的パーソナリティ**）を生み出す原因だ、と主張したのである。

たしかに、個々人は伝統的な拘束から解放されて自由になった。しかし、それは同時に、人間同士の絆が断ち切られるということをも意味している。仮に、自由を手に入れると同時に、その自由を生かす目標をも見つけることができたなら、その人は自由を謳歌することだろう。しかし、そうでない場合、人は孤独と不安に襲われることになる。そのとき、その人にとって自由は重荷以外の何ものでもなくなる。一刻でも早くこの重荷＝不安＝自由から逃れたい。そのとき人は、自由を放棄し、自分を拘束する権威に身を投じて、権威と一体化しようとするのである。というのも、権威への一体化は、ある種の絆と安定感を提供してくれるからである。フロムは、このようにナチズムを分析し、権威への盲目的服従は人々が自由であるということから起こるべくして起こった事態であった、と主張したのだ。

フロムの同僚であった哲学者**テオドール・W・アドルノ**らは、戦後アメリカで調査を行ない、民主と自由の国であるはずのアメリカの人々の間にも権威主義的パーソナリティが広く浸透しているという報告をし、大きな衝撃を与えた。まさしく権威主義的パーソナリティとは、私たちにとって他人事ではなく、また自由で民主的な社会において例外的な事態でもないことを、これらの研究は明らかにしたのである。

政治と権力
044

すべては権力、だからこそ！

▼権力と支配

多くの人にとって、自由とはそれ自体が価値である。親や教師、会社の上司に泣き寝入りするのはまっぴらだし、いわんや、政治家や官僚たちに操られて生きるのは御免こうむりたい。「**権力**」なんか糞くらえ。私は自由に生きたい。そんな風に考えている人たちに、二〇世紀最大の哲学者の一人、**ミシェル・フーコー**氏から残念なお知らせである。「権力から逃れることはできません」。

というのも、権力とは、誰かが持ったり捨てたりできるようなモノではなく、ほとんど社会関係の別名といってよいようなものだからだ。あなたが人とのかかわりのなかで生きる限り、あなたはなんらかの意味で管理・統制を受けているし、社会におけるあなたは、そのような力関係のなかでしか存在し得ない。

けれども、このことに絶望する必要は、実はまったくない。よく考えてほしい。仮に他者があなたに対して、何か特定の思考や行為を促そうと働きかけてくるのだとすれば、まさにそれは、あなたがその通りに思考し行動しないかもしれないからこそなのだ。そう考えてみると、実は権力関係とは、互いに相手の思考や行為の可

一口メモ

ミシェル・フーコー（Michel Foucault　1926～84）　フランスの哲学者。狂気、監獄、性などにかかわる膨大な歴史的資料を読み解き、知と権力の関係や、人間の主体化のメカニズムを暴くという独特のスタイルを特徴とする。その思想が世界の人文・社会科学に与えた影響は計り知れない。

能性に働きかけ、それを狭めあう**戦略的なゲーム**と捉えることができる。そこでは自由と権力とは、対極にある言葉ではない。自由とは、人と人との非対称な関係＝権力関係に残された、入れ替えや変化の可能性を示す言葉なのである。

他方で、この考え方を敷衍すると、関係の変化の可能性がまったく見出されない極端な状態も想定することができる。フーコーはそれを「**支配**」と呼ぶ。これこそが、私たちが斥けるべきものだ。

たしかに私たちは権力から逃れられない。だからたぶん、まったく権力が介在しない完全に対等な大人と子ども、教師と生徒、上司と部下によって担われる自由のユートピアのような世界を夢見ることには、意味がない。しかしかといってその反動で、あらゆる抵抗は無駄なんだと、他者の支配をそのまま受け入れ、支配の関係に甘んじる必要もない。自分自身に行使される権力のうち、どれがどの程度、いかなる理由で受け容れるに値するかを、絶えず批判的に吟味すること、そのことによって、支配の関係を、より自由な権力の関係へと変化させることは可能なのだ。

フーコーの思想は、広く日本と世界の人文・社会科学に強烈なインパクトを与えたけれど、同時にその結論があまりに悲観的で希望がなさ過ぎるとして、多くの批判を受けた。しかし、フーコーが「**権力は悪ではありません**」というとき、それはむしろ先のような楽観主義的な希望を言外に湛えている。世界は危険ではあるが悪ではないし、生きるに値するよう変えることができる、ということだ。

心の中の管理人

▼パノプティコン

誰でも他人が見ているところで悪事を働くのは気が引ける。しかし、仮に誰も見ていないとしても、心すこやかに万引きをしたり、仕事をさぼったり、カンニングをしたりできるわけでもない。なぜなのだろうか。悪事がバレたときの処罰が怖いからであろうか。それとも、道徳に反することをしないということが人間の本性だからであろうか。

フランスの哲学者**ミシェル・フーコー**は、私たちのこうしたあり方は、近代的な権力のしくみの産物であると主張した。

彼によると、そのしくみをよく表わしているのが「**パノプティコン**」である。パノプティコンとは、イギリスの法学者・哲学者である**ジェレミー・ベンサム**によって考案された、監獄で囚人を監視するための建築上のしくみである。

それは、監視塔を中心にしてその周囲に収容者の部屋を円形に配置したものであり、監視塔からすべての部屋を一望することができる。そのポイントは、監視者からは監視される者を見ることができるが監視される者から監視者を見ることはでき

一口メモ

ジェレミー・ベンサム（Jeremy Bentham　1748～1832）イギリスの法学者、哲学者、社会改革家。自然法を批判し、「最大多数の最大幸福」を目指す功利主義を創始。道徳や立法の正しさは、社会の幸福の総計によって判断されるべきだ、と主張した。

ない、という点にある。したがって、実際に監視者が常に監視塔にいる必要がない。他方、監視される者からすると、監視者の姿は見えずとも監視されている可能性は常にある。ここから、監視される者の心の中に、自らを監視する第二の監視者が生じることになる。つまり、監視される者は、内面から自らを律する**主体**《サブジェクト》となっていくのである。

フーコーは、人々が自分から社会に適合的な主体になっていくこうした作用（**規律訓練**《ディシプリン》）に注目し、近代においては、パノプティコンに象徴されるしくみが、監獄だけでなく軍隊、工場、学校、病院など日常生活の細部にまで浸透していると主張した。こうして、私たちは他人によって律されるのではなく、自らで自らを律する「自由な」主体となる。そして、それは同時に近代的な支配のシステムに服従《サブジェクト》（加担）することをも意味しているのである。

このようなフーコーの議論は、権力というものについての見方を大きく変えた。従来、権力といえば、殺し、抑圧し、強制し、搾取するものとして、外側から一方的に押し付けられる力として、そして一握りの支配者だけが手にしているものとして、もっぱらネガティヴにイメージされてきた。これに対してフーコーは、人間（主体）や物事を形成する力として、そして社会のどこにでも存在するものとして、権力の新たなイメージを提案したのであり、同時に私たち一人ひとりの外側ではなく内側に浸透した権力に目を向けるよう促したのである。

政治と権力
046

よりよく生かす権力

▼生－権力

近代になって以来、人間の平均寿命は伸び続けてきた。なぜか。その直接的な理由は、医学や医療技術が進歩したり、保険制度が整備されてきたりしたことにある。しかし、そもそもなぜ医療技術の開発が後押しされたり、保険やその他の制度が積極的に整備されたりしてきたのだろうか。確かに個々の人間が健康で長生きしたいと望むのは当たり前である。しかし、実際に多くの人が健康で長生きできるような社会は、一体どこから来たのか。

ミシェル・フーコーによると、私たちの健康や生命を気遣う社会の背後には近代特有の権力のしくみがある。それは、近代より前の時代に、王がその臣民に対して行使したような権力とは正反対の種類の権力である。つまり、旧体制《アンシャン・レジーム》時代の王がその臣民に行使したのが「死を与える権力」であったのに対して、一九世紀中頃から現われた新たな権力は、国民に「生を与える権力」、すなわち「**生－権力**《バイオ・パワー》」である。

この新たな権力の誕生の背景には、社会ないし国家が一つの生き物としてイメー

権力のしくみ

ジされるようになったということがある。社会が生き物であるからには、その社会の構成員を殺すのではなく、逆によりよく生かさねばならない。社会の構成員が死滅すれば社会も死滅し、逆に構成員に生命力があれば社会も生き延びることができるからだ。生－権力とは、そのための諸々の管理技術を生み出し駆動させる力にほかならない。

それは、人間のもっとも私秘的な領域、すなわち性《セクシャリティ》や生殖行為に介入し、それと同時に人口という最もマクロな単位で統計的に人間を把握することによって、人間を管理的な配慮の下に置く（**生政治**《バイオ・ポリティクス》）。こうして生－権力は、個々人が自分で自分を律するようにさせる規律訓練的な権力に重なるようにして、私たちの生を形づくり、また安全快適な福祉社会の追求を促しもしてきたのである。

しかしながら、こうした生－権力には重大な裏面がある。それは、「よりよく生かす」ということを第一の目的にしているはずの生－権力が、前代未聞の大量殺戮を、つまり二度の世界大戦とホロコーストと「異常者」らの排除とを生み出しもしてきたということである。このパラドクスは、「よりよく生かす」ということそのものに由来する。つまり、「よりよく生かす」ということは、「優良な種を保存する」ということであり、そのためには種の（社会の）危険を脅かすものを抹殺するということでもあるわけである。こうして、私たちを取り巻く「よりよく生かす」権力の原理は、同時に「よりよく殺す」原理をも内包しているのである。

ネットの秩序から考える民主主義

▼アーキテクチャ

私たちが生きる現実の社会では、ありとあらゆることに決まり事があり、できること、やってよいことはかなり制約されている。たとえば、法律は守らねばならないし、社会的な慣習も蔑ろにはできない。あるいは何を手にできるかも、私たちの意志いかんというよりは、品物やサーヴィスの価格によるところが大きい。それに対して、インターネットによって開かれるサイバー空間は、制約が少なく、遥かに自由に思える。実際、自由すぎて問題視されてきたほどである。子どもでも簡単にポルノを見ることができてしまうし、著作権のある音楽をタダで入手することさえできる。サイバー空間は、事実上、部分的には無法地帯となっている。そうすると、やはりサイバー空間もまた規制されて「不自由」になるほかないのだろうか。

アメリカの憲法学者である**ローレンス・レッシグ**は、規制すべきだと主張する。しかし、それは有害サイトを撲滅したり、著作権を保護するためではない。むしろ、サイバー空間の自由を守るためにこそ、逆説的にも規制が必要だというのである。サイバー空間で何をできるようにし、何をできなくするかは、技術的にはどのよう

一口メモ

ローレンス・レッシグ（Lawrence Lessig　1961～）　アメリカの憲法学者。サイバー法の第一人者とされ、ネットによる新しい文化創造の問題に取り組む。アメリカの著作権延長違憲裁判においては提訴側の弁護人を務め、クリエイティブ・コモンズ運動を主導するなど、活発な活動を繰り広げている。

にでも設計可能だからである。レッシグは、こうした技術的な設計のことを「**アーキテクチャ**」と呼ぶ。彼によれば、政府や商業にとっては、ユーザーの匿名性などの不確定な要素は、管理やマーケティングをするうえではないほうが都合がいい。とすれば、何の規制もせずに現状のまま放っておくのは、政府や商業に、匿名性や不確実性を完全に排除するアーキテクチャを設計する口実を与えることになる。サイバー空間が不自由になる可能性を高めてしまうのだ。そうさせないで、自由という価値（不確定性や匿名性）を守るためには、サイバー空間にも適度な制約をあえて課し、無法地帯を極力なくしていくことが必要なのだ、とレッシグはいう。

もちろん、そうした規制を政府に一任してしまっては、元も子もない。それでは政府の都合のいいように規制されるだけである。そうではなく、サイバー空間のアーキテクチャについての国民の意思や価値観を、政府が行なう規制に反映させることこそが重要なのである。そうすると、この問題は、単なるサイバー空間の規制の是非にとどまらず、私たちが生きる現実の社会で民主主義がきちんと機能しうるかどうか、という問題だということになる。こうしたことは、何もサイバー空間だけでなく、テクノロジー全般にも当てはまる。彼は、サイバー空間のアーキテクチャの問題を、民主主義が健全に機能するかどうか、今日私たちがどのような価値を大切にしたいかという問題の、一つのバリエーションとして提示したのである。

政治と権力 048

マスメディアの力

▼第四の権力／議題設定権力

「**言論の自由**」は、憲法で保証された基本的な権利の一つである。個人が直接にも間接にも抑圧を受けることなく、自己の思想・信条・意見を公に発表できる自由。それが言論の自由だ。この自由はまた「**報道の自由**」を基礎付けるものでもある。これらの自由はいまでは多くの国々で権利として認められているから、たとえば、中国のように報道を規制する国があると、人権の保証という観点から批判の声が上がることがある。もっと卑近なところでは、報道には政治の暴走を監視する役割があるので、その規制は政治の横暴や腐敗を招く原因になると批判されている。

このように、報道には司法・行政・立法の三権を監視し健全化する力があるとして、報道を「**第四の権力**」と呼ぶ、と説明する解説書も中にはある。しかし、こうした説明は完全に誤りである。たしかに、アメリカのウォーターゲート事件のように報道が政治の腐敗を正した例もある。けれども、そもそも第四の権力という言葉は、一八世紀のイギリスで聖職者、王侯貴族、平民の三階級に次いで、新聞などの報道機関、いわゆる**マスメディア**が新たに社会的な影響力を発揮するようになった

一口メモ

ダニエル・J・ブーアスティン（Daniel Joseph Boorstin　1914～2004）　アメリカの歴史家。アメリカ史の連続的同質性を主張し、新保守派と呼ばれる。アメリカ国民の歴史的体験を文明史的に描き、話題となる。

ことから、彼らを「**第四の階級**」と呼んだことに由来するもので、政治の三権に対抗する勢力という意味はまったくないのである。それどころか、第四の権力（階級）という言葉は、元来、マスメディアが人々に多大な影響を与え、言論を方向づけているということを批判するものなのである。

こうした観点は、**ダニエル・J・ブーアスティン**に至っては、テレビ番組への批判として現われる。彼は、たとえ、テレビ番組が誤報や虚報を報じていなくとも、たとえばテレビ番組の報道が「問題だ」としたことを、人々が問題として受け取り、テレビの外で起こっている出来事には関心を持たなくなってしまったということを批判するのである。報道が作り上げた現実の幻影、それをブーアスティンは「**疑似イベント**」と呼ぶ。かくして彼は「グラフィック革命は、新しい経験の範疇を作り出した」と論じるのである。このようなブーアスティンの問題提起は、中国がインターネットの検索エンジンに介入し、天安門事件のような都合の悪い事件に関するサイトを検索できないようにしたことを考えるうえでも、非常に重要なものである。つまり、報道は単に虚実が問題なのではなく、情報提供の仕方それ自体もまた問題となることがあるのだ。その意味では、何を考えるべきかという議題を設定する力（**議題設定権力**）にも、私たちは目を向けなければならない。いまや報道や情報の信憑性は、その内容にあるのではなく、それらの発信元が繰り広げる市場競争の結果に左右されつつあるからである。

政治と権力 049

新たな価値を切り開く

▼新しい社会運動

あなたは社会運動といわれて何をイメージするだろうか。一昔前までは、社会運動といえば労働運動であった。産業社会で下層に属する労働者が、危険な仕事を低賃金でやらされ、住む場所、食べ物、着るものといった、自分と家族が生活していくうえで必要不可欠なものにも事欠くという境遇を変えようと奮闘したわけである。そして今日、労働問題それ自体がなくなることはないにせよ、かつてほどの劣悪な労働条件や極端な不平等は改善され、それと同時に労働運動も下火となった。

しかし、社会運動そのものがなくなったわけではない。今度は、反原発運動、環境保護運動、遺伝子組換え食物反対運動、人権保護運動といった社会運動が登場してきたのである。一見したところ、反原発運動にせよ、旧来の労働運動にせよ、やっていることといえば、プラカードをもってデモ行進したり、署名を集めて役所に持っていったり、集団で裁判を起こしたりと、いまも昔も大差はないように見える。たしかに、やっていること自体には大差はないかもしれない。しかし、かつての社会運動と今日的な社会運動とでは、その性格が決定的に異なっているのだ。

社会運動の変化

従来の社会運動：富の再分配を目指す ⇒ **新しい社会運動**：問題を提起することを目指す

労働運動に代表されるかつての社会運動は、富の分配の不平等をめぐる運動、つまり自分と家族の生活の物質的な豊かさをめぐる運動であった。これに対し、反原発運動などの今日的な運動は、生活の物質的な豊かさというよりは、**生活の質**や**人生の意味**を問題にしている。こうした社会運動は、従来の社会運動と区別して「**新しい社会運動**」と呼ばれる。

新しい社会運動とは、自然環境や後の世代の健康に甚大な被害をもたらしうる原発や、生態系を狂わせたり人間の遺伝子異常を引き起こしたりするかもしれない遺伝子組換え食物に頼る生き方は正しいことなのか、人間の生き方として美しいことなのか、という問いを提起する運動なのである。言い換えるなら、新しい社会運動は、運動が何を達成するかを第一とするのではなく、運動を通じて社会に問題の存在を公表することで、個々人が問題について考え、生き方を見直す機会を持てるようにすることを目指す運動だということができる。

物質的な豊かさを保ちながら、電気を無駄に使わず、ゴミも出さず、遺伝子組み換え食品や物品について深く吟味しながら生活するのは、簡単なことではない。つまるところ、新しい社会運動が提起する問題を生み出しているのは、私たちの日常生活＝近代的なライフスタイルそのものなのである。したがって、新しい社会運動は、さまざまな問題提起を通じて、根本では私たちの日々の近代的なライフスタイルを考え直すよう、私たち一人ひとりに促しているといえよう。

民主主義を問い直す

▼討議的民主主義／闘技的民主主義

自由・平等・参政権といった諸個人の権利（**人権**）を尊重し、多数決を**意思決定**の原則とする**民主主義**は、いまでは多くの国々で採用されている。最近では、物事を決定する場合には、安易な多数決を行なわずに、誰もが納得できる一つの合意を形成する努力が必要だといわれる。こうした立場は「**討議的（審議的）民主主義**」と呼ばれる。対話を通じて異なる価値を尊重する姿勢が望まれているのである。

ところで、物事の根源的な多様性を支持する立場を多元主義という。公共政策に関していえば、少数精鋭に任せることなく、個人や団体が自由に参加し、多様な影響力を行使し合うことが重要だと考える立場がこれに当たる。安易な多数決を忌避し、合意形成のために、異なる価値観を持つ人々との対話を重視する討議的民主主義は、なるほど多元主義的に見える。しかしながら、ベルギー出身の政治学者**シャンタル・ムフ**は、討議的民主主義は、価値の多元性を経験的な「事実」として認めるだけで、合意形成の局面では、それらを取り除かれるべき「障害」であると見なしており、多元主義とは相容れないという。さらに彼女は、対立や葛藤を嫌い、調

一口メモ

シャンタル・ムフ（Chantal Mouffe　1943～）ベルギー出身の政治学者。フランス、イギリス、アメリカなど各地で研究を行なう。ポスト・マルクス主義政治理論を提起し、ラディカル・デモクラシー論を展開。近年は、非合理主義的アプローチによる政治理論、闘技的民主主義論に取り組み、欧州の右翼ポピュリズム、多極的世界秩序に関する活動にも携わる。

和や同質性を求める民主主義は、人権や多様性を蔑ろにする**全体主義**という、まったく正反対の政治理念へと反転する危険すらあると述べている。

ムフによれば、価値の多元性が引き起こす対立や葛藤は、民主主義を構成し改良していくための基本的な条件であり、決して民主主義の障害などではない。その意味では、価値の多元性は単なる経験的な事実なのではなく、それ自体、民主主義を構成する不可欠の「価値」なのである。

しかしムフは、対立や葛藤、ひいては敵対関係を無条件で肯定しているわけではない。それらが民主主義にとって意味のあるものとなるためには、どの価値も本質的に等価であるということが保証される、公的な領域が必要であるという。そこにおいて、敵対関係は、それぞれの**卓越性**を競い合う**闘技関係**へと変換されなければならないのである。こうした立場は、対話を通じた差異の収斂を図る討議的民主主義に対して、「**闘技的民主主義**」と呼ばれている。

闘技的民主主義においては、何らかの合意は常に暫定的なものであり、また暫定的でなければならないとされる。なぜなら、合意とは価値の選択であると同時に、他の価値の排除でもあるからである。言い換えるならば、合意は、緊張関係の下で暫定的に形成される限りで、民主主義的に「正しい」といえるのである。このような合意のあり方は、「**紛争的合意**」と呼ばれる。民主主義的な合意が紛争的である限りは、民主主義は最終的なゴールを持たない不断の運動であるといえよう。

参考文献

『支配の社会学Ⅰ・Ⅱ』マックス・ウェーバー、創文社
『自由からの逃走』エーリッヒ・フロム、東京創元社
『性の歴史Ⅰ　知への意志』ミシェル・フーコー、新潮社
『監獄の誕生――監視と処罰』ミシェル・フーコー、新潮社
『ミシェル・フーコー思考集成〈9〉自己・統治性・快楽』ミシェル・フーコー、筑摩書房
『CODE』ローレンス・レッシグ、翔泳社
『第四の権力―深まるジャーナリズムの危機』ジャン＝ルイ・セルバン＝シュレベール、日本経済新聞社
『現在に生きる遊牧民』アルベルト・メルッチ、岩波書店
『政治的なものについて――闘技的民主主義と多元主義的グローバル秩序の構築』シャンタル・ムフ、明石書店

第6章　宗教と文化

前提なしでは生きられない

思いきった比較。──思いきった比較が著作家の気まぐれの証拠でないとすれば、それは彼の疲れた想像力の証拠である。しかし、いずれの場合にしても、彼の趣味の悪さの証拠である。

（ニーチェ『人間的、あまりに人間的2』ちくま学芸文庫p．371）

「日常」の条件

▼聖と俗

私たちは、一年のほとんどを、もっぱら仕事や家事、学校の授業、バイトなどに費やしている。週に一日二日の休みをとり、あとはすべて仕事。それが私たちの日常である。他方で、一年のうちに何度かは、普段とは違って特別とされる日がある。誕生日、クリスマス、正月、お盆、祭り、葬儀などである。もっとも今日では、こうした諸々のイベントの多くは、文字通り「イベント」として資本主義の中にとりこまれ、日常とは異なる「非日常」として演出・宣伝・商品化されている。しかし、日常と非日常という区分自体は、こうした資本主義的「イベント」とは関係なく受け継がれてきたものでもある。それでは、そもそも日常と非日常という区別は、社会にとって一体どのような意味を持つものなのだろうか。

こうした問題は、社会学者の**エミール・デュルケム**、人類学者の**マルセル・モース**らを嚆矢《こうし》とする、「**聖と俗**」に関する諸理論によって論じられてきた。「俗」とは日常の生活であり、「聖」とは俗なる世界から隔てられ保護されたものにほかならない。聖俗理論によると、社会は、ただ日常の俗なる労働だけによって成立するの

一口メモ

ロジェ・カイヨワ（Roger Caillois　1913～78）フランスの批評家、社会学者。超現実主義的思想を持つ。デュルケム、モース、ホイジンガなどから影響を受け、神話、夢、聖、遊びなど想像的世界について研究した。

ではない。つまり、一定の秩序をもった「日常」を「日常」たらしめるものとして「非日常」＝聖がなければならないのである。

ここでいう聖なるものとは、神聖なもの、崇高なもの、汚れなきものだけを指すとは限らない。聖なるものは、むしろ不浄なもの、混沌としたものをも含みこんだ「非日常」である。ある身体的特徴（奇形など）が「聖なるもの」とみなされることもある。つまり、聖と俗の区別は、「危険」なものを日常から切り離すことをも意味している。こうして「非日常」＝聖は、地に足のついた現実的で整然とした「日常」＝労働の日々＝俗を可能にさせる、というわけである。私たちの生活における日常・非日常の区別は、本来宗教的なものである聖・俗の区別に関わっているのである。

しかし、こうした聖俗の二項図式は、宗教が後退・世俗化した社会や、そこに生きる人間のあり様をとらえきれているのか。そうした関心から聖俗理論のさまざまなヴァリエーションが唱えられてきた。

たとえば、フランスの文芸批評家・社会学者である**ロジェ・カイヨワ**は、聖・俗に「遊び」を加えた「聖・俗・遊」の三項図式を提案した。彼は、勤労を強いられる「俗」と重々しい「聖」から人間を解放する局面が「遊」であり、人間の本性は「遊」にこそあるという。いずれにせよ聖俗理論は、人間や社会が、経済活動からなる俗なる世界だけでは完結し得ないということを指し示しているのである。

贈り物の深い意味

▼贈与論

「贈与、つまり贈り物をすること、そしてそれを受け容れることは義務である」。こういうと、堅苦しい礼儀を押し付けられているようにしか聞こえないかもしれない。贈与をするかしないか、受け取るか否か、それはケースバイケースで各人が自由に判断すればよいだけのことではないか、と。しかし、贈与という現象を徹底的に突き詰めて考えていくと、贈与にはある種の義務的特性があり、それが社会の深層のしくみに関わるものだということがわかる。

人類学者・社会学者の**マルセル・モース**は、ポリネシアやニュージーランドにおける「未開社会」の人々にとって贈与がどういう意味を持つのかを考えた。そして次の点に注目した。

彼らは、できるだけ気前よく与える。もらったほうも「ありがとう」の言葉だけでは絶対に終わらない。あるいは、「悪いからいいよ」と断ることも絶対にしない。どうやら彼らにとって贈与とは、単に好意の問題ではなく、部族の首長のメンツを賭けた競争の問題であり、拘束力を伴う集団的・制度的な問題なのである。さらに、

一口メモ

マルセル・モース（Marcel Mauss　1872～1950）フランスの社会学者、人類学者。デュルケムの甥で、その承継者として犠牲、呪術などの社会学的性質を明らかにした。特に贈与の研究は、のちの構造人類学に大きな影響を与えた。

贈与に対する返礼が不可欠である理由はメンツだけではない。彼らは、贈られた品物には贈った側の「霊《エスプリ》」が宿っていると考えている。それは贈った者の一部であり、贈られた側にとっては非常に危険なものなのである。だから、それは贈り返さねばならない。あるいは別のどこかに贈り出さねばならない。できるだけ速やかに、できるだけ丁重に。

こうして贈与は、ある循環を生み出すことになる。それは好意の連鎖ではなく、贈与の提供と受容と返礼との義務がおりなす循環である。そして、贈与の本質がそのようなものであるからこそ、広い範囲の諸部族・諸集団を相互に関係づける互酬的システムが、贈与によって形成され得るのである。このように贈与を考えるということは、それを単に品物の受け渡しとしてではなく、シンボルの交換として考えるということを意味する。そうしたシンボル交換で贈り贈られるのは自分自身（の霊《エスプリ》）である、とモースはいう。言い換えれば、贈り物は単なるモノではなく、自他の関係を意味しているのである。

こうしたモースの贈与論は、財と財の交換という経済的関係（資本主義）には収まりきらない領域に注目して社会の深層に迫ろうとするものであり、それによって西欧近代（資本主義）を相対化しようとするものであった。実際、モースの議論は、のちに**レヴィ＝ストロース**の構造主義人類学などによって本格的に展開されることになる西欧近代の相対化という営みの重要な源泉の一つとなったのである。

未開社会を理解する

▼機能主義

一九世紀から二〇世紀初頭の人類学者たちは、いかなる未開社会も、時間とともに西洋におけるような社会へと進化するだろうと考えていた（**進化論**）。人類の進化の筋道は一本であり、西洋社会がその最先端を走っている、というわけである。

あるいは、文化は一定方向に勝手に進化するようなものではなく、異なる文化どうしの接触によって伝播したり借用されたりしていくものだ、という見方もされた（**伝播論**）。

しかし、いずれにせよ、それらは学者があらかじめ立てた進化（あるいは伝播）のストーリーに沿うように、都合よく未開社会の文化の部分部分を切り出しては再構成する、というものであった。これでは文化はただのパッチワークになってしまう。

そうではなく、一つの未開社会の文化をトータルで捉えることが、未開社会を理解するためには必要不可欠なのである。しかし、いかにして？

イギリスの人類学者である**ブロニスワフ・マリノフスキー**と**アルフレッド・ラド**

一口メモ

ブロニスワフ・マリノフスキー（Bronislaw Malinowski　1884～1942）　イギリスの文化人類学者。オセアニア島嶼地域における調査をもとに、文化発達の歴史思考をしりぞけ、人類学に機能主義の方法を持ち込む。

一口メモ

アルフレッド・ラドクリフ＝ブラウン（Alfred Radcliffe-Brown　1881〜1955）イギリスの社会人類学者。インド・ベンガル湾のアンダマン諸島で調査を行ない、マリノフスキーとともに人類学で機能主義の方法を確立した。

クリフ＝ブラウンは、一つひとつの制度や慣習を、文化を構成するパーツと見るのではなく、常に文化全体と関係づけながらその意味を考える、という「**機能主義**」人類学の観点を打ち出した。彼らは、文化とは、それを構成する諸々の要素に分解できるようなものではなく、一つの有機的な統一体である、と見る。そのうえで、マリノフスキーは、生殖・安全・健康といった生物学的な欲求、さらに宗教・芸術などの人間特有の欲求を満足させるかどうかという視点で、文化の機能を分析しようとした。また、ラドクリフ＝ブラウンは、有機体としての社会が存在するのに必要な条件とは何かという観点から、文化を含めた社会全体の構造を分析しようとした。

いずれにせよ、彼らの機能主義的な発想は、ともに**エミール・デュルケム**が『社会分業論』（一八九三年）で行なった、社会的な分業が果たす「**機能**」に関する議論に由来する。同書でデュルケムは、個々人が必ずしもそう意識していないとしても、社会的な分業は不可避的に業種間・人間間の相互依存を作り出し、結果的に社会全体を統合するという「機能」を果たしている、という分析を行なったのであった。一九世紀から二〇世紀初頭には、まだ未開社会はいわば西洋人の共感の範囲外にあったが、こうしたデュルケムの見方は、文化（社会）を有機的な統一体として見る視点と同時に、未開社会に対する先入観から距離を取るための方法をも、人類学に提供したのである。

宗教と文化
054

社会の根底にあるもの

▼構造主義

イトコ同士は結婚できるのに、兄弟姉妹同士が結婚できないのはなぜか。あるいは親子の性的関係がスキャンダルとなり、非難の対象となるのはなぜか。それは法律上で禁止されているから、というのは答えにならない。その禁止がそもそもどこから降ってくるのかが問題なのだ。

それでは、関係の近い親族同士が結婚して子どもを産むと、子供に遺伝上の問題が生じることが科学的に分かっているからであろうか。しかし、そんな科学的知識を持ち合わせていない多くの「未開社会」でも、関係の近い親族同士の結婚や性交渉（近親相姦）は絶対にやってはならないことだと考えられていた。

近親相姦は、どこまでを「親族」とするかという違いはあれ、近代社会でも「未開社会」でも、西洋でも東洋でも、大抵の社会で忌避されている。それでは、人間は誰でも、生理学的あるいは本能的に、近親相姦を避けたり、あるいはお互いに異性としての魅力を感じないようにできているのであろうか。

そうではない、とフランスの人類学者**クロード・レヴィ＝ストロース**はいう。彼

一口メモ

クロード・レヴィ＝ストロース（Claude Lévi-Strauss　1908～2009）

フランスの人類学者。初め哲学を学ぶが、のち人類学に転じる。構造言語学に影響を受けて、構造人類学を確立。制度、習慣、観念の根底にある普遍的な論理構造を把握しようとする構造主義は、のちの思想に多大な影響を及ぼした。

は、社会構造の深層に横たわる個々人の意思を超えた規則に着目する「**構造主義**」の視点を編み出し、その視点から近親相姦の問題を解き明かした。彼によると、近親相姦の禁止という規則は、ある親族集団が、他の親族集団と女性を交換することを促す規則であり、他人に母や姉妹や娘を与えることを強いる規則である。そして、それによって結果的に、集団と集団との間に、女性を交換し合い、互いに支え合うシステムが形成される。

しかし、レヴィ＝ストロースは、近親相姦の禁止という規則が、集団同士が支え合う「ために」あらゆる社会に存在するのだと主張しているわけではない。それは、何かのための規則ではなく、それ自体が社会の根本をなす基本的事実としかいいようのないものなのである。言い換えれば、人間は何かのために交換（コミュニケーション）するというよりは、交換するのが人間社会なのである。

このように構造主義とは、それ以上さかのぼることのできないような社会の深層にあるしくみ＝構造を捉えようとする思想であり方法である。それは近親相姦の研究や人類学という分野を超えて、言語学・哲学・文学・生物学などの多様な分野で適用・展開されてきている。しかしどの分野の構造主義においても、人間の振る舞いの前提になっているものへの着目という点で共通している。構造主義は、私たちがどっぷり浸かっている（近代）社会を相対化して捉えることによって、私たち自身が何者であるのかをより深く理解しようとする思想・方法なのである。

宗教と文化
055

「怪しげ」な領域の発見

▼民俗

呪い、お祓い、憑きもの、その土地特有の奇妙な風習。こうした何か怪しげなものに興味をそそられる人も少なくないだろう。実際、今日こうした怪しげで古く「日本的」で土着的な匂いのする事柄は、背景やテーマとして映画や小説などにも頻繁に引き合いに出される。

しかし、近代化された社会に生きる私たちにとっては、呪いやお祓いは迷信に属する。もはや誰もそんなことを本当に信じてはいない。そうすると、呪いやお祓いなどは、私たちにとって知的な好奇心、あるいは「怖いもの見たさ」の対象以上のものではないのであろうか。

呪いやお祓いにとどまらず、祭りや古くからある土着的な芸能、世代から世代へと語り継がれてきた伝承、親族のあり方や決まりごとなど、民間の古い生活様式に関わる事柄を「**民俗**」という。そして日本で初めて民俗を本格的な研究の対象にし、人類学をお手本にしながら「**民俗学**」を創始したのが**柳田國男**であった。二〇世紀初頭のことである。それはまさに明治維新を経て日本が本格的な近代化を遂げよう

一口メモ

柳田國男（やなぎた　くにお　1875～1962）　兵庫県出身の民俗学者。わが国における民俗学の創始者。官吏、新聞社客員を経て、民俗学に専念。日本各地に残る民俗文化を収集・分析し、民俗学研究を生涯にわたり主導した。『遠野物語』『蝸牛考』『桃太郎の誕生』など著作も多い。

としている時期にほかならない。これを言い換えれば、それまで人々に信じられていた信仰が「迷信」とされ、日常的な生活様式も「古い」ものとされていく時代である。まさにそうした時期であればこそ、民俗的なものがそれとして研究の対象にもなったのである。民俗は近代の視線（民俗学という近代的な学問）によって発見されたのだといえよう。

それだけではない。逆に近代社会は、民俗的なもの・伝統的なものをそれとして位置づけることを通じて、自らが「近代的なもの」であることの自覚を得てきたともいえるのである。古い「怪しげ」な領域（民俗）は、最初からそのようなものとして存在するというよりは、むしろ、そうしたものとして見る視点（近代）とともにあるのである。

こうしたことは民俗（学）に特有なことではない。歴史（学）もそうだ。民俗学と歴史学の違いの一つとしては、民俗学が歴史学よりも、文字で残されているわけではない口伝《くちづ》てのしきたりや、無形のものを重視しているということを挙げることができる。それは民俗学が、必ずしも人々の意識に上らない慣習的な生活様式を主題としてきたことを意味する。その点で、民俗学の守備範囲は必ずしも「前近代的」な事柄だけに限定されているわけではなく、現代の私たちの慣習や生活様式における暗黙の、必ずしも明文化されない、必ずしも意識されない事柄もまた民俗学の守備範囲でありうる。近代には近代の「民俗」があるのである。

宗教と文化
056

人種のるつぼを超えて

▼エスニシティ

北海道にはアイヌ民族と呼ばれる人々がいる。彼らは、アイヌ語という独自の言語や生活様式、宗教、伝統を持っている。つまり、彼らは独自の文化を持っているのである。アイヌ民族とその文化は、日本政府による同化・融合政策により消失の危機に瀕してきたが、一九七〇年代に、アイヌ民族は原始共産制に生きる革命のよき担い手であるとする新左翼活動家が全国でテロを行なったことをきっかけに、アイヌ民族の存在が広く認知され、次第に民族固有の文化の維持や復興への関心が一般の人々にも共有されるようになっていった。

ところで、アイヌ民族のように国民国家に属しながらも、独自の文化を持ち「われわれ」としての集団意識を持っている集団を「**エスニック・グループ**」という。また、エスニック・グループのメンバーの帰属意識や結集原理を**エスニシティ**と呼ぶ。エスニシティは**民族性**と訳されることもあるが、**民族**という言葉は政治的共同体 nation の訳語でもあることから、エスニック・グループを民族と同様のものと考えるのは問題がある。というのも、エスニック・グループはホスト社会に同化し

エスニック・グループとは？

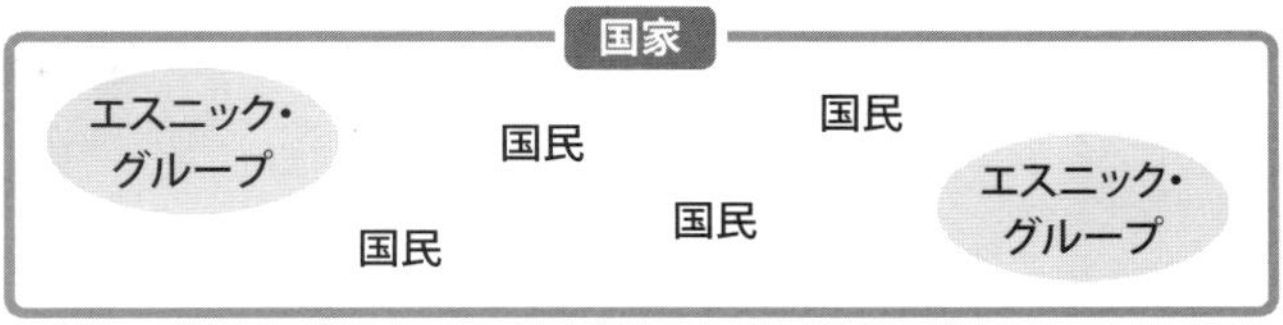

ながら、それとの異質性を意識する集団であることを強調する概念だからである。日本でいえば、沖縄の琉球民族、在日韓国・朝鮮人もまたエスニック・グループである。世界には非常に多くのエスニック・グループで形成されている国もある。そうした国の多くでは、エスニシティが社会的な関心を集めている。

たとえば、多民族国家であるアメリカでは、一九六〇年代に同化・融合政策を批判する社会運動が活発になり、一九六三年には参加者二〇万人を超える巨大なデモが起こっている（**ワシントン大行進**）。こうした人種差別撤廃を求める運動の高まりは、アメリカを「人種のるつぼ」（melting pot）に喩える表現にも反省を促し、エスニシティへの配慮から、いまでは「混ざることはあっても溶けることはない」という意味を込めて、アメリカを「サラダボウル」（salad bowl）に喩えるようになっている。またカナダでは、二つの多数派民族が存在し、さらに先住民族や多くの移民が存在することから、複数のエスニシティの共存を目指す「**多文化主義**」が支持されており、それに基づく政策が採用されている。しかし、多文化主義によるエスニック・グループの過度な尊重は、個人の自由を蔑ろにする面があると指摘されることもある。エスニック・グループを存続させようとするあまり、グループへの参入や離脱に関する個人の自由を抑圧する場合があるからだ。エスニシティの多様性が守られるべきであるならば、同じように個人の自由も守られるべきだといえる。多文化主義政策は難しい問題を抱えているのである。

宗教と文化
057

境界線上から見えるもの

▼マージナルマン

社会の中で文化的あるいは民族的に少数派である人々、社会や文化の周辺に位置する人々が社会に対して強い発言力を持つことは難しい。それどころか、抑圧されたり差別されたりすることがしばしばである。移民がその典型である。しかし、ユダヤ人のように、迫害されながらも強力な影響力を持つに至った例もある。そうしたことはいかにして可能となったのか。移民のような少数派は、ただ単に社会の趨勢に翻弄されるだけの存在ではないのか。

アメリカの社会学者**ロバート・パーク**は、多くの移民が入り混じるアメリカのシカゴで、並存する複数の文化のどれにも完全に属することのできない人々に注目し、彼らを「**マージナルマン**」（境界人）と呼んだ。パークによると、彼らは複数の文化に同時に、そして不完全に属しているため、一貫した行動様式や価値を持ちにくく、常に精神的に緊張を強いられることになる。そして自己のアイデンティティが何なのかに悩み、自分自身や社会に対して否定的な態度をとる傾向がある。しかし、そうした不遇な位置にあると同時に、マージナルマンは、まさにどの文化にも完全

一口メモ

E・V・ストーンクィスト（Everett V. Stonequist　1901～1979）アメリカの社会学者。シカゴ学派の代表的な人物の一人であるロバート・パークに師事した。パークのマージナルマンの研究を引き継ぎ、1937年に『The Marginal Man』を上梓した。

には属していないということによって、皮肉にもある種のアドヴァンテージを手にしていることになる。すなわち、彼らは、ある一つの文化に埋没することなく、いわば境界線上から複数の文化を客観的に見ることができる。言い換えれば、彼らは物事を見る基準や視点を複数持っているのである。結果的に彼らは、複数の文化を掛け合わせて新たな文化を創造するのに有利な立場に立ち得ることにもなるというわけである。

とはいえ、パークが描くこうした「マージナルマン」は、基本的にはマジョリティの文化に同化しようと苦悩する人々である。ドイツの社会学者**ゲオルク・ジンメル**は、これとは反対に、社会の周辺に位置しながらも、その土地の文化に同化しようとしない「**異邦人**」＝ユダヤ人のあり方に注目した。

ジンメルによると、異邦人としてのユダヤ人は、その土地の文化に同化するのではなく、むしろ自覚的に距離をとろうとする。しかし、それは、ユダヤ人がその土地の文化との関与を避けているということではない。そうではなく、彼らが「外」の文化と距離を取ろうとすることは、「外」の文化と自分との関係をはっきりさせようとしていることを意味している。それによって彼らは、むしろ「外」の文化に積極的に関与することになるわけである。異邦人（そしてマージナルマン）は、まさに自らの異質性を梃子にして社会に関与し、影響を及ぼしてきたのである。

宗教と文化
058

神なき宗教

▼市民宗教

社会統合はいかにして可能か、つまり、いかにして社会は社会として一定のまとまりや方向性を保持しているのか。この問いは、社会学的にも政治的にも重要な問いであり続けてきた。そして、そこで常に議論の対象となってきたのが宗教であった。実際、宗教は人々をまとめる役割を果たしてきたし、とりわけ中世のヨーロッパではキリスト教が政治と結びついて、支配の強力な手段となってもきた。しかし、近代化につれて人々の信仰心は薄れてしまい、また「政教分離」が原則とされるようにもなった。その意味では確かに、かつてに比べ宗教は衰退したといえよう。しかし、そうだからといって、近代社会は統合されずにバラバラになってしまったわけではない。してみれば、社会は宗教あるいは宗教的なものを抜きにしても統合を保持し得るものなのであろうか。

アメリカの社会学者**ロバート・ベラー**は、近代においても宗教（的なもの）による統合が不要になったわけではないという。確かにアメリカのように文化的に多元的な社会では、一つの宗教（キリスト教）によって社会が統合されることはありそ

一口メモ

ロバート・ベラー（Robert Bellah　1927～）　アメリカの宗教社会学者。とりわけ、デュルケムとパーソンズによる機能主義社会学の影響のもと、宗教の社会統合的機能や、アメリカの個人主義文化の分析を行なった。

うもない。しかし、ベラーによると、そうであればこそ国民的な連帯感と目的とを背後で支える「**市民宗教**」が存在する。アメリカの場合、それは、個人主義的な達成動機、国家の歴史的重大事件（南北戦争）、憲法に由来する価値、シンボルや儀礼（旗や独立記念日）から成る。そして、これらを通じてアメリカ国民の間に、自由と正義のために戦い勝利するという宗教的な自己理解が共有されることになる。そこでは、アメリカは「約束の地」、独立戦争は「出エジプト」、ワシントンは「モーゼ」、独立宣言と憲法は「聖典」になぞらえられてきた。しかし、市民宗教は、あくまでキリスト教の教会とは別に世俗的・政治的に制度化されたものであり、市民宗教においては、共和制という体制や価値こそが「神聖なもの」とされるのである。

　こうして市民宗教は、国家や国民の実際の振る舞いを評価する基準を提供してきた。しかし、アメリカでは国家そのものが基準となり、逆に市民宗教が単に支配の道具に過ぎなくなったということが指摘されている。ベラーも、ヴェトナム戦争やニクソンのウォーターゲート事件を見るにつけ、アメリカの市民宗教は、もはや「中身が空の壊れた貝殻」のようなものだという。市民宗教によってどのような社会もうまく統合され得るとは限らない。むしろ、それは多くの社会にとっては達成されるべき目標なのである。

複製技術の功罪

▼アウラの喪失

二〇〇九年現在、史上最高値で取引された絵画は、クリムトが描いた「アデーレ・ブロッホバウアーの肖像Ⅰ」であるといわれている。なんと一億三五〇〇万ドル（約一六〇億円）である。一枚の絵画がこれほどの値をつけるのは、その作品が唯一無二であり、それを欲しがる人が大勢いるからである。いまでこそ芸術作品は見られ、また売買されるものであるが、もともとは「礼拝」の対象であった。たとえば宗教芸術がそうであるように、多くの作品は神聖なものとされ、特別な行事のとき以外は、人目につかぬように保管されていたのである。ところが一九世紀に入り市場経済や複製技術が発展すると、芸術作品は美術全集などの複製写真を通じて、いつでも誰でも見ることができ、また売買できるようになっていった。

ドイツの思想家**ヴァルター・ベンヤミン**は、芸術作品のこのような歴史的な変化を「**アウラの喪失**」と捉えた。ベンヤミンによると、アウラとは、優れた芸術作品に対して人々が抱く崇敬の感覚のことで、こうした感覚を惹起するのは作品の神聖さや唯一無二性であるという。つまり、アウラは作品の内的価値というよりは、閲

一口メモ

ヴァルター・ベンヤミン（Walter Benjamin　1892～1940）　ドイツの思想家。フランクフルト学派のアドルノ、ホルクハイマーらと深く交わったが、彼らとは違った独自の思想を展開した。とりわけ、マルクス読解による歴史理解は、ベンヤミンならではの文化・芸術に関する理論を築いた。

覧機会の制限や権威づけされた真正性、あるいは作品の所有者の系譜といった外的な属性が付与するもので、それゆえアウラは宗教的な支配体制や世俗的な権力構造との結びつきを示すものでもあった。それが芸術作品の機械的な複製が可能になったことで喪失し、さらには映画のような、そもそも実質的なオリジナルを持たない芸術形式が登場したことで、芸術作品は伝統的なしがらみから解き放たれたのである。すなわち、芸術作品の「**礼拝的価値**」は「**展示的価値**」へと転換し、アウラの喪失が生じたのである。

友人であった**テオドール・W・アドルノ**が、大衆消費がアウラの喪失を加速し、それとともに省察や創造の機会も喪失するのを懸念したのとは対照的に、ベンヤミンはアウラの喪失を民主化を促す契機として肯定的に捉えようとした。「儀式に基づく代わりに、（芸術は）別の実践に基づこうとし始めている――政治である」とベンヤミンは書いている。彼にとって、複製技術の象徴ともいえるカメラの映像は、**無意識が織り込まれた空間**であった。それは私たちの視覚のように重要な情報を中心に捉えるのではなく、光線が織りなす光景を無意識のままに映し出すからである。ベンヤミンは、カメラの無意識的な映像は、日常の拘束を見直し、世界を新しく経験し直す機会となると考えたのである。複製技術は**芸術の政治化**を促し、人々を権威から解放して**自由な活動の空間**を開く可能性を秘めているのではないか――ベンヤミンはこう期待したのである。

メディアはメッセージである

▼メディア論

メディアとは何か。まずテレビ・雑誌・ラジオといったマスメディアが、ただちに連想されるだろう。その場合、それらは情報を運ぶ媒体《メディア》である。つまり、ニュースなどの内容、何らかのメッセージの内容を誰かに送る際の、いわば容器である。そこで重要なのはあくまでメッセージの内容であって、それを入れるための容器や送るための装置は、あくまで内容を送るための手段ともいえる。つまり、情報の受け手は、その内容を見て（聞いて）読解し、そこで初めて何らかの情報が伝達される。その意味でメディアとは、それ自体としては中立的なもので、受け手に何か影響を及ぼすのはメッセージの内容なのだ、ともいえる。

しかし、カナダの英文学者・コミュニケーション理論家の**マーシャル・マクルーハン**は、メディアとは単に情報を運ぶだけの仲介装置に過ぎないものではない、と主張した。彼は、「**メディアはメッセージである**」という。つまり、注目すべきはメディアが運ぶメッセージの内容ではなく、あるメディアを使用するということ自体が持つメッセージ性だ、というわけである。

一口メモ

マーシャル・マクルーハン（Marshall McLuhan　1911～80）　カナダの英文学者、コミュニケーション理論家。メディアは人間の諸感覚の拡張であるという理論を展開し、メディアにより特定の思考方法が形成されることを説いた。

たとえば、メッセージの内容が同じであったとしても、相手に面と向かって何かを伝えるのと、電話で伝えるのと、手紙で伝えるのと、あるいは電子メールで伝えるのとでは意味が異なる。こうしたことは、まさにさまざまなメディアが単にメッセージを伝達するだけの中立的な道具ではなく、メディアそのものがすでにある種のメッセージであることを示しているのである。

さらにいえば、諸々のメディア特有の形式はいわばコミュニケーションの諸形式を私たちに提供することによって、私たちのコミュニケーションのあり方や経験のあり方、さらには社会関係のあり方をも規定し、変容させてきた。マクルーハンは、このようにメディアそのものが人間社会に与えるインパクトに注目することで、内容ばかりを問題にする従来のメディア研究やメディア観を刷新し、今日の「メディア論」の基礎を築いたのである。

しかし、マクルーハンのいう「メディア」は、マスメディアや文字や情報媒体といったものだけを指しているのではない。彼のいうメディアとは人間の感覚能力・運動能力を外化したもの（**人間の拡張**）にほかならない。衣服は皮膚の拡張、望遠鏡は目の拡張、車輪は足の拡張、といった具合である。人間が作り出したこうしたメディアは身体の拡張をもたらすだけではない。それらは人間の（身体）感覚に反作用し、感覚そのものを変容させてもきた。マクルーハンのメディア論は、人間の身体や社会とメディアとの、こうした骨がらみの関係を教えているのである。

参考文献

『宗教生活の原初形態（上・下）』エミール・デュルケム、岩波文庫
『贈与論』マルセル・モース、ちくま学芸文庫
『未開社会における構造と機能』アルフレッド・ラドクリフ＝ブラウン、新泉社
『親族の基本構造』クロード・レヴィ＝ストロース、青弓社
『柳田國男全集』柳田國男、ちくま文庫
『エスニシティと社会変動』梶田孝道、有信堂高文社
『実験室としての都市――パーク社会学論文選――』ロバート・E・パーク、御茶の水書房
『破られた契約』ロバート・ベラー、未來社
『ベンヤミン・コレクションI』ベンヤミン、ちくま学芸文庫
『メディア論　人間の拡張の諸相』M・マクルーハン、みすず書房

第7章　歴史と近代

現代とはいかなる時代か

一つの事実、一つの事業は、いずれの時代、いずれの新しい人間種にとっても、新しい説得力をもっている。歴史はつねに新しい真理を語る。

（ニーチェ『権力への意志　2』ちくま学芸文庫p．473）

封建制は終わったか

▼日本資本主義論争

グローバル化を背景に社会の格差や貧困の問題が高まるにつれて、いままた資本主義を乗り越えようとしたマルクスの理論が見直されている。と同時に、グローバル化の時代だからこそ、そうした問題に取り組む国家の役割もまた注目されている。けれども、そうした資本主義と国家の問題を、すでに戦前の日本のマルクス主義者たちが考えていたということは、いまやほとんど知られていない。

マルクスの理論は、一九世紀のヨーロッパを対象としてつくられている。したがって、二〇世紀初頭のマルクス主義者がそれを日本社会に適用しようとしても、現実の天皇制国家は、古典的な資本主義のイメージとあまりにもかけ離れてしまっていた。そのために、そもそも日本は資本主義社会なのかということが問題にならざるをえなくなる。こうして、日本社会に残存する封建的な性格と、天皇制国家が持つ絶対主義的な性格をどのようなものとして理解するかということをめぐって、「**講座派**」と呼ばれる論者と「**労農派**」と呼ばれる論者との間で激しく論争が行なわれることになった。これが戦前の社会科学の最大の論争として知られる「**日本資**

一口メモ

山川均（やまかわ　ひとし　1880～1958）岡山県出身の社会主義者。『労農』を創刊。労農派マルクス主義の中心的人物。労農派の立場から講座派を批判。著書に『山川均全集』がある。

一口メモ

野呂栄太郎（のろ　えいたろう　1900～1934）　北海道出身の経済学者。『日本資本主義発達史講座』を編集。講座派マルクス主義の中心的人物であり、講座派の立場から労農派を批判。著書に『日本資本主義発達史』がある。

本主義論争」である。多数の経済学者、法学者、歴史学者、運動家を巻き込んだこの論争によって、日本の社会科学は、単なるヨーロッパの輸入学問から日本固有の学問へと成熟し、戦後にも強い影響を与えることになった。講座派は、論者が『日本資本主義発達史講座』（一九三二～一九三三年、岩波書店）に執筆し、労農派は、雑誌『労農』（一九二七年創刊）に寄稿したために、そのように呼ばれる。

マルクス主義の歴史観では、社会は封建制から絶対王制、「**市民革命**」を経て資本主義へと至る（**歴史の客観的法則**）。一方で講座派は、農村の封建的な性格の残存と天皇制国家の絶対主義的な性格を強調し、したがって明治維新は、市民革命ではなく、封建制から絶対王制への権力の再編にすぎないと主張した。他方で労農派は、社会の資本主義的な発展と天皇制の民主主義的な性格（**立憲君主制**）を強調し、したがって明治維新は、あくまでも市民革命であり、農村の封建的性格は資本主義の発展とともに消滅すると反論した。

その後の歴史を見ると、労農派は、その後の資本主義の発展過程を捉えていたという点で、経済分析では分があり、講座派は、資本主義の後発国のもつ国家権力の特殊性を捉えていたという点で、政治分析では分があるといえる。こうしたことを踏まえるならば、少なくとも私たちは、今日の問題を考えるうえでも、いわば民主主義的な成熟を待たずして自ら経済的な近代化を成し遂げなくてはならなかった日本の歴史的経緯を知る必要があるはずだ。

歴史と近代
062

イデオロギーを乗り越える

▼相関主義

社会には固有の歴史や構造があり、それに応じて固有の社会意識がある。共通の歴史的・社会的条件のもとで生活している人々の間には、似通った情念や観念が自然に醸成されてくるわけである。こうした漠然と共有されている社会意識が自覚的に捉え直されたとき、それは「**イデオロギー**」として機能するようになる。つまり、個々人の生活に意味を与え、動機づけ、社会を理解する枠組みとして用いられるようになるのである。ただし、同じ社会に属していても、集団や階級によってイデオロギーは異なってくる。そうした諸々のイデオロギーを批判的に分析する体系的な「科学」たらんとしたのがマルクス主義であった。

しかし、社会学者の**カール・マンハイム**は、マルクス主義を継承しつつも、それがあらゆるイデオロギーを批判し得る「科学」として特権的な地位にあるかのように振る舞うのは間違いだと指摘した。あらゆる思想は歴史的・社会的に条件づけられてきたのであって、その意味でイデオロギー的でない思想はない。マルクス主義もまた物事を認識する仕方のうちの一つに過ぎない、というわけである。しかし、

一口メモ

カール・マンハイム（Karl Mannheim　1893～1947）ハンガリー出身で、ドイツを経てイギリスに亡命した哲学者、社会学者。認識論として、新たなイデオロギー論を展開し、知識社会学を確立した。

それでは結局のところ、単に数多のイデオロギーや「科学」が乱立し、それぞれが自らの認識の正しさを主張するばかりで、真理はイデオロギーや「科学」の数だけ存在するということになってしまうのではないか（相対主義）。

そうした出口のない相対主義を回避するためにマンハイムが提示したのが、「**相関主義**」という方法である。相関主義は、まず、あらゆる思想が特定の歴史的・社会的条件に根差したものであるということを、むしろ積極的に評価する。というのも、そこで得られた知見は机上の空論ではなく、現実に根ざしたリアルな認識であるため、より真実性が高いからである。そして、そうして得られたいくつもの部分的な真理を、全体的な観点から相互に関連・総合させていく。そうした作業の蓄積によってより全面的に正しい真理へと徐々に接近していけるはずだ、というわけである。そしてマンハイムは、そうした作業を担い得る人々として、階級的利害にとらわれない知識人（**自由に浮動するインテリゲンチャ**）に期待をかけたのであった。

マンハイムは、相関主義によって、単なるイデオロギー批判や、異なるイデオロギー同士が互いに相手のイデオロギー性を批判し合うといった不毛な事態を乗り越えようとした。その根底には、「自分自身の立場もイデオロギー的なものだという ことを認める勇気を持て」というメッセージがある。それは、単なるイデオロギー（論）ではない、科学としての「**知識社会学**」が成立する条件でもあるのである。

語り継がれる複数の歴史

▼集合的記憶

記憶は個人的なものだ、と思っている人は多いだろう。記憶しているのは自分自身だし、他人の記憶を覗きこむことはできないのだから。だが、「記憶が甦る」という言葉もあるように、久しぶりに友人と会話したり、家族と昔よく行っていた場所に通りかかったりすると、思い出そうとしなくても、記憶が勝手に甦ってくることはよくあることだ。一人では曖昧だった記憶も、友人と話しているうちに生き生きと甦ってきて、昨日のことのように思い出せたりする。思い出された記憶は、もしかしたら「当時の事実」とは違うかもしれないが、友人といま確認し合い共有した記憶のほうが、よりリアルに感じられることもある。

モーリス・アルヴァックスは、記憶のこうした性質を捉え、記憶を個人的な現象としてではなく、集合的な現象として議論した。アルヴァックスによれば、記憶とは、過去が個人の心や頭の中に保存され、それが再生される現象ではなく、集団が用いる「記憶の枠組み」に基づいて、過去が空間や物質といった外部から想起される現象のことなのである。これは二つのことを意味している。すなわち、記憶とは、

一口メモ

モーリス・アルヴァックス（Maurice Halbwachs　1877～1945）　フランスの社会学者。デュルケム学派に属したが、ベルクソンの影響も受け、師デュルケムの社会学主義を柔軟に修正しつつ、社会階級論、自殺、記憶などの研究に多くの成果を残した。

集団の一員として、集合的思考の流れの中に自分を位置付けることによって思い出される何事かであり、また、現在の視点から過去を再構成することによって得られる何事かであるということである（**現在主義**）。このような記憶のあり方を、アルヴァックスは「**集合的記憶**」と呼ぶ。

ところで、「過去が空間や物質といった外部から想起される」とはどういうことなのだろうか。慰霊碑や記念碑などの、モニュメントがわかりやすい例だろう。私たちは、モニュメントがどんな出来事を象徴するのかを知ってさえいれば、たとえ直接経験していなくとも、その出来事を思い出すことができる。つまり、集合的記憶を想起することができるのである。それゆえ、集合的記憶は「**生きている歴史**」とも呼ばれる。

生きている歴史は、学校で教えられる「書かれた歴史」とは違い、複数存在する。なぜなら、集合的記憶は集団の「記憶の枠組み」に基づくものなので、集団が複数あれば、集合的記憶もそれに応じて複数できるからである。また、時間とともに集団の「記憶の枠組み」が変化すれば、集合的記憶は、忘却されたり歪曲されたりしながらその数を増減させる。生きている歴史は、文字通り、生き蠢《うごめ》いているのだ。してみれば、集合的記憶（生きている歴史）という概念は、地域や家族、教団などに受け継がれている伝統や慣習の性質を、固定されたものとして把握するのではなく、動的なものとして集団の内側から把握しようとするものなのである。

伝統＝古いもの、とは限らない

▼創られた伝統

イギリスの北部に位置するスコットランドという国をご存じだろうか。旅行ガイドなどを見れば、タータンチェックのキルト（スカート）の民族衣装にバグパイプを持ったパフォーマーの姿をすぐに見つけることができる。インターネットで調べても、それが「伝統的なスタイルである」という記述をすぐに見つけられるに違いない。キルトの模様は氏族ごとに違い、その柄で氏族を見分けることができた、とも書かれていることだろう。しかし実のところ、これは一八世紀になって生まれた「伝統」であり、いま信じられているほど「伝統的」ではないのである。氏族によって柄が違ったという話も、スコットランドがイギリスに併合された後、独自の文化を持ちたいという人々の欲求と、洋服屋の戦略とがマッチして創り出された「伝統」に過ぎないのだ。

このように一八世紀から一九世紀にかけては、近代化に伴う急激な社会変化、そして国民国家の誕生に伴って、さまざまな「伝統」が創りだされたのである。もちろん日本も例外ではない。たとえば、明治国家は支配の正統性のために「万世一系

一口メモ

エリック・ホブズボーム（Eric Hobsbawm　1917～）イギリスの歴史学者。イギリス労働運動の研究から出発し、近代ヨーロッパ全般の革命や社会運動について広く考察。労働者、農民、周縁社会の人々の立場に立った視点が特徴。

の天皇」という「伝統」を創りだし、神武天皇の建国神話を歴史的事実のように人々に教え、巡幸や儀式を繰り返したのだった。そして人々もまた、天皇の名のもとにナショナリズムを高揚させたのである。

伝統として長い歴史を持つと信じられているものには、実際には比較的新しい時代に創りだされ、制度化され、日付を特定できるほど短期間のうちに確立された「伝統」がある。このように指摘し、そういったものを**創られた伝統**と呼んだのは、イギリスの歴史学者**エリック・ホブズボーム**であった。ホブズボームによれば、近代化によって古い価値観や生活習慣が崩れていく中で、人々はアイデンティティの拠り所として「伝統」を求め、国家もまた支配の正統性を得るために「伝統」を必要としたのである。創られた伝統は、そうした中で、儀礼的・象徴的行為を繰り返すことによって、人々に特定の価値や規範を植えつけると同時に、支配権力を正統化するために過去からの連続性を喧伝する一つの手段でもあったのだ。

ホブズボームは、伝統の政治的な起源に注意を向けることで、近代とは「伝統」が大量に生産され、それらが民族や国民としての団結力を強めるイデオロギーとして使用された時代であるということを、人々が考え直す機会を提供したわけだ。伝統を大切にするのは決して悪いことではない。けれども歴史を顧みるならば、伝統がどのような文化的な役割を果たしているのかを問うだけでなく、どのような政治的な役割を担ってきたのかも、私たちはいま一度問い直すべきなのかもしれない。

歴史と近代
065

理性は野蛮である

▼啓蒙の弁証法

一口メモ

マックス・ホルクハイマー(Max Horkheimer 1895～1973) ドイツの哲学者・社会学者。フランクフルト学派の創始者の一人。マルクスの諸議論を独自の観点で修正・発展させ、批判的社会理論の基礎を築いた。著書に『道具的理性批判へ向けて』など。

教育基本法の第一条が、教育の目的について定めたものであることを知っているだろうか。そこには次のように書かれている。教育の目的は「人格の完成を目指し、平和で民主的な国家及び社会の形成者として必要な資質を備えた心身ともに健康な国民の育成」にある。教育の目的は、平和や真理を希求する人格を育成することにあるという考えは、一八世紀に起こった**啓蒙運動**の中にも見られる。偏見や迷信に満ちた暗い社会に、教育を通じて新しい知の光を差し込むこと、「蒙を啓く(enlightenment)」とはそうした意味であった。しかし歴史が教えることの一つは、新しい知や技術が私たちに与えたのは、平和のみならず、かつてない惨禍でもあったという事実である。広島・長崎に投下された原爆や、アウシュヴィッツ強制収容所でのユダヤ人の大量虐殺、ハイテクを駆使した湾岸戦争などは、どれも新しい知と技術がもたらした災厄であった。むろん新しい知がもたらした災厄には、戦争だけではなく、環境汚染や環境破壊も加えられるべきだろう。

「何故に人類は、真に人間的な状態に踏み入っていく代わりに、一種の新しい野

一口メモ

テオドール・W・アドルノ（Theodor Adorno　1903～1969）　フランクフルト学派の指導的存在。ドイツの哲学者、社会学者であって、音楽評論家、作曲家でもある。マルクスの物象化論やヴェーバーの合理性論に依拠しながら、批判的社会理論を展開した。

蛮状態へと落ち込んでいくのか」。この問いにユダヤ人であった**マックス・ホルクハイマー**と**テオドール・W・アドルノ**は、『啓蒙の弁証法』を上梓し、啓蒙の理念を根本から批判に附すことで答えようとした。彼らは、**人間の理性**を公的かつ自由に使用することが、人格的な成長をもたらすとした啓蒙の理念は、実のところ、自己や他者を統御し、自然をも支配する知を生み出すものでしかないと告発したのだ。自そうした統御・支配に奉仕する理性は、自らが為したこと、為さんとすることへの反省の機能が欠けた「道具」と化している。つまり、人間の理性は、**自己保存**のために働く「**道具的理性**」にほかならないというわけである。

ホルクハイマーとアドルノによれば、人間理性の道具的な性格が、自由、平等、博愛といった近代の美徳をうわべだけのものにしている。それはたとえば、この世から暴力を一掃し調和をもたらそうと行なわれた宗教戦争が、もっとも暴力的であったという事実を思い起こしさえすればよい。『啓蒙の弁証法』は、ある事柄を批判する当の理性に対して、他を批判することで自らを正当化する理性の専制的な性格を、神話の世界から近代の社会までを描くことで明らかにしようとする。歴史は、美徳の名の下に行なわれた、数々の蛮行の証人であるというわけだ。ホルクハイマーとアドルノは、啓蒙という言葉でなお支持される実践があるとすれば、それは私たち自身の「その都度の直接的なもの」である経験や、現在の知を、その根本から問い直すことで「**退行的契機への反省**」を喚起することだと述べている。

魔法にかかった近代人

▼脱魔術化・再魔術化

私たちは大地震のニュースを聞いたとき、あるいは伝染病が蔓延して多くの犠牲者が出たとき、それが神の仕業であるとは思わない。私たちは、地震がプレートのはね返りであり、伝染病が菌によるものであり、伝染病の拡大は衛生状態が悪いからだ、ということを知っている。あるいは私たちは、国家の統治を担う者は正当な選抜や選挙を経て選ばれるべきであって、「神がその権利を与えたから」といったことは理由にならない、と考えている。宗教的な世界観や身分的特権など、前近代で流通していた諸々の信念を、もはや近代の人間は共有してはいないのである。

ドイツの社会学者**マックス・ヴェーバー**は、これを「**脱魔術化**」と呼んだ。つまりは合理化である。それは、科学的・技術的な知識が蓄積されて、実際に自然界や経済などの人間の行動に関わることまでもが合理的に予測可能・操作可能になることではない。そうではなく、必要とあらば、どんなことでも合理的に解明することができ、それをもとに操作することもできる、という信念を人々が持つに至ることを指している。脱魔術化された世界では、何か神秘的で予測不可能な力が働く道理

一口メモ

モリス・バーマン（Morris Berman　1944～）　アメリカの科学史家。オカルトの分析を通じて、一元的な科学による支配を批判した。代表的な著書に『デカルトからベイトソンへ』など。

はない。生じるすべての出来事は神の御業ではなく、人間の振る舞いの帰結と見なされるようになる。こうして近代社会は、それまでの半ば神学的な学問を脱し、人間は合理的な科学に取り組み得るようにもなるわけである。しかしヴェーバーは、脱魔術化は、人々に重大な危機をもたらすことになるだろうと述べている。すなわち、人間の生きる意味が次第に色褪せていくのである。事実と価値とが乖離してしまう、あるいは事実ばかりが幅を利かせて、価値や意味が貧弱になり、生きる力を与える目的が人々から失われていく。このように脱魔術化した世界にあって、人間は一体どうあるべきか。ヴェーバーは「耐えよ」といった。彼は、耐えるということに宿る一片の美しさに、かろうじて人間の尊厳の居場所を見出すのである。

ところが今日、脱魔術化された世界は、脱魔術化されたままに止まろうとはしていない。現代社会は、脱魔術化した世界にただ耐えるのではなく、再び「魔術」を呼び込んでいる、つまり「**再魔術化**」されているのだ。アメリカの社会学者**ジョージ・リッツァ**は、現代の消費過程が商品の実質ではなくむしろその演出効果に支えられている、といった現象がその象徴だという。あるいは、アメリカの科学史家**モリス・バーマン**は、理性の暴走を抑止し、人間が世界（自然）との関わりを取り戻すべく、人間を世界全体の一部に位置づけるある種の再魔術化の必要性を訴えている。しかし、再魔術化もまた脱魔術化の産物にほかならない。してみれば、ヴェーバーの提起した問題は、今日むしろ先鋭化しているのである。

大きな物語の終焉

▼モダニティ／ポストモダニティ

　私たちは、悠久の時間を「歴史」として把握するとき、古代、中世、近代などと時代を区分することがある。しかし、歴史の教科書にも、時代ごとの境界線がどこに引かれているのか、はっきりとは書かれていない。なぜなら、時代区分は、線引きする者の関心や、観察対象によって変わるものだからである。それでも、古代や近代などの時代区分が用いられるのは、それによって、生活スタイルや価値観などが、どのように変わったのかを比較し、評価するのが容易になるからである。

　ところで、二〇世紀初頭に確立した社会学は、経済が穀物から鉄へと重心を移し、王侯貴族から民衆へと政治の中心が移る中で、それ以前の社会との差異を浮彫するために、彼らの生きた時代を近代（**モダニティ**）として把握しようとした。とりわけドイツの社会学では、モダニティは、近代資本主義によって伝統的な秩序が塗り替えられていく過程として理解され、反近代（**アンチモダン**）が志向された。

　アメリカの社会学者**ダニエル・ベル**によれば、モダニティの持つ文化的命題（**モダニズム**）は、伝統に対して自律的で自己決定する個人という思潮だが、ドイツ社

一口メモ

ダニエル・ベル（Daniel Bell　1919～）　アメリカの社会学者。ジャーナリストを経て研究者へ。モダニズムに対抗するものとして宗教の重要性に着目。また、「イデオロギーの終焉」で、現代社会評論の第一人者となり、脱工業社会の概念を用意したことでも知られる。

会学では、この思潮が社会的な紐帯《ちゅうたい》を切り刻み、社会生活の指針を「多いか少ないかの比較考量」に変えてしまったと考えられたのである。しかしながら、ドイツで批判に晒《さら》されたモダニティも、資本主義経済や科学技術が発達し、民主主義が定着するようになるにつれて、人々の支持を獲得して、世界に普遍的な正義がもたらされる時代として観念されるようになっていった。

ところが、一九六〇年代から一九七〇年代にかけて、数々の戦争や経済成長の限界、公衆道徳の退廃、環境の汚染や破壊など、さまざまな問題が主題化されるようになると、人々がモダニティに期待し見出した諸価値は、普遍を装った差異の抑圧であるとして、激しい批判の対象となった。フランスの哲学者**ジャン＝フランソワ・リオタール**は、これを近代の「**大きな物語の終焉**」と表現している。二〇世紀初頭のモダニティ批判が、暗に伝統的秩序の擁護をともなっていたとすれば、七〇年代以降のモダニティ批判は、秩序の維持や回復には、差異の抹消や平準化といった抑圧的な契機が内在するということへの省察が含まれているのである。このようなモダニティへの批判的な意識は、積極的に差異を承認したり、不確定性を肯定したりする思潮として、**ポストモダニズム**と呼ばれることがある。

二〇世紀に起きた思潮の転換を、生産－消費社会から情報社会への移行に伴う組織化原理の転換であると見るならば、ポストモダニズムは、モダニティとは区別される時代、すなわち**ポストモダニティ**の文化的命題だということができるだろう。

歴史と近代
068

自由に翻弄される時代

▼リキッドモダニティ

近代化によって、人々は伝統の鎖から解放されて自由になり、硬直した秩序は柔軟化し、流動的になった。あるいは近代とは、硬直した伝統的な秩序の崩壊がもたらしたもので、とりわけ移動手段の発展がそうした流れを後押ししたといわれる。

産業革命以前、人々は歩いたり走ったりするほかは、せいぜい馬か馬車に乗って移動する程度だった。それも多くの場合、特権階級にしか許されず、人々の多くは生まれた土地を離れることなく人生を終えたのである。それが産業革命以降、蒸気船や列車がつくられ、自動車が発明され、飛行機が誕生したことで、人々の移動速度は急速に速くなり、行動範囲も飛躍的に広がった。それが人々の地縁や血縁といった紐帯を弛緩させ、伝統的な秩序を掘り崩す一因となったというわけである。

それでも近代化が始まった頃は、人々は、国民国家などの一定の共通枠組みの中に動員され、まとめ上げられていた。伝統の代わりに模索された秩序は、時に労働者を搾取し、ファシズムや全体主義をも生み出したが、それゆえいっそう、人々は新しい自由な秩序を希求したのだった。人々は、古い秩序が解体されたのちには、

一口メモ

ジーグムント・バウマン（Zygmunt Bauman　1925～）イギリスを拠点にして活躍し、現代ヨーロッパで注目を集めている社会理論家・社会思想家。『立法者と解釈者』『近代とホロコースト』をはじめ、モダニティとポストモダニティの状況について多くの著作がある。

新しい秩序がよりよい形で生まれると期待したのだ。

ところが、現在では様子が違っている。新しい秩序は、かつてない自由を保証しているにも関わらず、いまでは、その自由にともなう流動性が解決困難な問題として人々に迫っているのである。**ジーグムント・バウマン**は、このような現代社会を**リキッドモダニティ（液体的近代）**と呼ぶ。バウマンによれば、リキッドモダニティは、自由や解放、多様な選択肢のみならず、不安定性や不確実性をももたらしている。そうした状況下では、かつてとは異なり、あらゆる選択についての責任はすべて、個人が負わなければならなくなっている。私たちの経験からしても、流動的で変化し続ける状況は不透明で見通しがきかず、人生設計を困難なものにしている。私たちは、それまでの近代（**ソリッドモダニティ**、**固体的近代**）の硬直性を、自由の徹底によって乗り越えたが、今度はその自由に伴う流動性に翻弄されるようになっているのである。

バウマンは、リキッドモダニティを根本的な改善の余地のない袋小路だと批判している。ソリッドモダニティは確かに窮屈かもしれないが、たとえば日常生活においても、地域社会の連帯や相互扶助が個々人を補完していたのであり、そうした**生活世界**の機能は、自由の徹底によっては代替できないというわけだ。バウマンの指摘がリアリティを増す今日、私たちはもう一度、義務や連帯といった「伝統的な自由」の見直しを迫られているといえよう。

歴史と近代
069

問い直された近代

▼モダニティの再帰性

社会には知らないほうがよいこともある。確かにそうかもしれない。けれども、私たちが自覚的に自らの生活に変化をもたらし、それを選び取ろうとするならば、何かを知ろうとすることは、そんなに悪いことではない。

実際に私たちは、自分自身の振る舞いを反省的に捉え直すことよって、絶えず自分自身に変化をもたらしている。たとえ、目に見える形で私たちの振る舞いに変化が起きなかったとしても、ある振る舞いがいくつかの可能性の中の一つに過ぎないことがわかれば、そこに新たな振る舞いの可能性を見出すことができるだろう。

イギリスの社会学者**アンソニー・ギデンズ**は、こうした人々の振る舞いの持つ反省的・再帰的な性質（**再帰性**）こそが、近代社会の特性（**モダニティ**）を規定していると主張している。とはいえ、近代社会以前の伝統社会に再帰性がなかったわけではない。伝統社会では、人々の反省的な振る舞いは、共同体組織の伝統や慣習と結び付けられている。伝統や慣習は、そうした振る舞いによって、再解釈され、明確化されている。これに対して近代社会では、そうした反省的・再帰的な特性自体

一口メモ

アンソニー・ギデンズ（Anthony Giddens　1938～）　イギリスの社会学者。古典的社会理論と現代思想の批判的検討を通して、「二重の解釈学」に基づく独自の「構造化理論」を提唱。一方で、社会学に「国家」の概念を導入し、「社会」のみに照準する「社会中心的説明」に対して、「国家中心的説明」からの社会理論の構築を試みている。

が社会生活の基盤自体に入り込むようになる。

ギデンズによれば、社会学を含む社会科学もまた、そうした事態に加担しているという。それは、社会科学の概念、理論、知見は、それがどのようなものであれ、絶えず対象の中に循環的に入り込んでいくことを意味する。

たとえば、結婚率や離婚率などの統計データや、それに基づく議論は、直接的であれ間接的であれ、政府の政策や、実際の人々の結婚行動に影響を与えている。そして、そうした人々の振る舞いが諸々の統計データや議論に反映されていく。そこでは、伝統は、それが伝統であるという理由だけでは認められない。近代社会の持つ再帰性は、実際の人々の振る舞いが、まさしくその振る舞いについて新しく得られた知識によって吟味され、改善され、その結果として、その振る舞い自体の特性を変えていくのだ。

とはいえ、このことは、社会生活についての知識（たとえば社会学）自体が人々の社会生活に対して優位にあるということを意味するわけではない。むしろ、そうした知識や議論は、すでにある権力や価値と緊張関係にあり、そこには意図せざる結果もつきまとう。だからこそ、知識や議論が必要になっているわけだ。社会生活の知識の増大は、ときに私たち自身の社会生活から「自明性」をはぎ取り、不安をもたらすかもしれない。けれどもそれは、同時に私たち自身が生活を選び直すための契機をも与えてくれるのだ。

歴史と近代
070

もはや社会のどこにも逃げ場はない

▼リスク社会

危ないことはしたくない、危険なものは遠ざけておきたい。化学薬品の工場だとか廃棄物処理場の近くには住みたくない。人は誰しもそう思うことだろう。とはいえ、工場や廃棄物処理場は、社会にとっては必要なものなので、なくしてしまうわけにもいかない。だから、安全快適に暮らしたいと願う人々の多くは、そうした危険で汚い施設は、自分の住んでいる近所ではなく、どこか他所に建ててくれといってきたのである。そのため安全性や快適さには、いつも得をする人と損をする人という不平等が生じてきた。言い方を換えれば、リスクは社会の中でいつも弱者へと不平等に押し付けられてきたのである。比較的豊かな人や権力のある人たちは、危険な施設を遠ざけることができるが、そうではない人たちは、我慢して工場や処理場の近くに住むしかないわけである。

ところが、このようにリスクが不平等に配分される時代は終わったと、社会学者の**ウルリヒ・ベック**はいう。といっても、それは、すべての人々が安全を手にする世の中になったという意味ではない。逆である。すべての人が、もれなく「平等

一口メモ

ウルリヒ・ベック（Ulrich Beck　1944～）　ドイツの社会学者。1986年出版の『危険社会』は、一般の人々にも広く読まれた。また、ギデンズらとともに「再帰的近代」に関する議論を展開した。

に」リスクに曝《さら》される以外にない社会＝「**リスク社会**」が到来したのである。ベックの主張を導くのはチェルノブイリの原発事故である。この事故によって明らかになったことの一つは、放射能汚染が、地域や国の境界を越え、すべての社会階層の人々にとって同様に脅威となるということであった。それはもはや、一部の人々に押し付けることのできる程度の規模のリスクではないのである。私たちは皆、原発や化学薬品や遺伝子工学などのテクノロジーに依存し、その中で暮らしている。しかし、私たちの生活の隅々に浸透している諸々のテクノロジーが、いつどのような形でどの程度の被害をもたらすのかを予測することはできない。だから今日、誰もが、逃れようのないリスクと不安とに向き合わねばならないわけである。

このことは、ただリスクと不安に耐え忍ぶだけの時代になったことを意味しない。むしろ、危険なものや汚いものを社会の外部（発展途上国）や社会の下層に押しつけて済ますことができなくなり、リスクが私たち自身の生活の一部となったことによって、何が安全（危険）なのかという基準をめぐってさまざまな立場が現われ、活発な議論が交わされる時代になったのだといえよう。つまり、私たちはもはや、安全の基準をどのように定めるかを、専門家だけが取り組む技術的な問題だとみなすわけにはいかないのだ。それは、私たちがどのようなライフスタイルや価値観を「よい」ものとして選択するかということに密接にかかわっている問題なのである。

参考文献

『日本資本主義論争の群像』長岡新吉、ミネルヴァ書房
『イデオロギーとユートピア』カール・マンハイム、中央公論新社
『集合的記憶』M・アルヴァックス、行路社
『創られた伝統』エリック・ホブズボウム、テレンス・レンジャー、紀伊國屋書店
『啓蒙の弁証法』アドルノ、ホルクハイマー、岩波書店
『消費社会の魔術的体系』ジョージ・リッツア、明石書店
『ポスト・モダンの条件――知・社会・言語ゲーム』ジャン＝フランソワ・リオタール、水声社
『リキッド・モダニティ―液状化する社会』ジークムント・バウマン、大月書店
『再帰的近代化――近現代の社会秩序における政治、伝統、美的原理――』ウルリッヒ・ベック、アンソニー・ギデンズ、スコット・ラッシュ、而立書房
『危険社会』ウルリヒ・ベック、法政大学出版局

第8章　グローバリゼーションと国家

世界は生き残れるか

世界がどれほどの価値あるものなのかということを、世界の最小の小部分でさえも、顕示してくれるに違いない、——人間を見よ、そうすれば諸君は、世界についてどう考えるべきであるかを、知るであろう。

（ニーチェ『哲学者の書』ちくま学芸文庫p．305）

脱空間化する世界

▼グローバリゼーション

「**グローバリゼーション**」という言葉を新聞や雑誌で目にしたり、あるいはそれをめぐる議論やニュースを耳にしたりするようになったのは、ごく最近のことである。一九九〇年代半ば頃までは、日本ではグローバリゼーションよりも「**国際化**」という言葉のほうが一般的だった。というのも、九〇年代半ば頃までは、国境によって区切られた国々が独自の方針に従いながらも、相互に結びつきを強めていく国際化のほうが、世界の状況に見合っていると思われていたからである。ところが、一九九八年のアジア通貨危機を経て、利益を求めて世界を駆け回る巨額な投資資金（ヘッジファンド）が一国の経済を左右するようになったことが、誰の目にも明らかになるにつれ、日本でも、グローバリゼーションをめぐる問題は身近なものとなり、グローバリゼーションという言葉は次第に人口に膾炙《かいしゃ》するようになっていった。安い労働力や資源を確保するために世界中に拠点を持つ**多国籍企業**や、先進国と発展途上国との経済格差をめぐる問題、いわゆる**南北問題**が盛んに取り沙汰されるようになったのもこの頃のことである。しかしながら、グローバリゼーションという

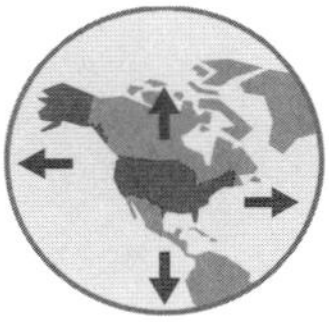

●グローバリゼーションとは、アメリカナイゼーションのことか？

プロセスは、資本主義経済の動向に尽きるものではない。グローバリゼーションは、情報通信技術の飛躍的な発達により、地球上のある地点での出来事や決定が、短時間のうちに地理的に遠く離れた地点での出来事や決定に、直接的な影響を及ぼすようになるプロセスとして理解される必要がある。つまり、グローバリゼーションは空間的な距離や隔たりを著しく変容させるプロセスでもあるのだ。

グローバリゼーションのこうしたプロセスは、**EU**や**NGO**といった国家の枠組みを超えた政治的アクターの活躍を促すものとして肯定的に捉えられる一方で、各社会に固有の文化を画一化するものとして批判の対象ともなっている。こうした批判の背景には、ソビエト連邦の崩壊後、一強となったアメリカが、IT産業や金融業、工業、農業など、あらゆる産業での市場の独占を目指してきたことが挙げられる。事実、コンピュータOSではウィンドウズやアップルが、ウェブ検索システムではグーグルやヤフーが、外食産業ではマクドナルドやコカ・コーラなどが圧倒的なシェアを獲得している。これらのアメリカ企業の活躍をグローバリゼーションの一環と捉えるならば、グローバリゼーションは実のところ、アメリカの文化を世界中に輸出する**アメリカナイゼーション**でしかないというわけだ（**文化帝国主義**）。

昨今ではグローバリゼーションがもたらす文化の画一化に抗《あらが》い、独自の文化を守ろうとする動向も活発になってきている。しかしより重要なのは、社会正義に見合ったグローバリゼーションをいかに推進するかということではないだろうか。

都市は転生する

▼グローバルシティ

ヒト、モノ、カネ、そして情報がすさまじいスピードで国境を越えて飛び交っている。まさに**グローバリゼーション**である。是非はともかく、それは私たちと遠い異国の文物を容易に結び付け、多くの恩恵をもたらす一方で、貧困や格差、文化的衝突など、やっかいな事柄も身近にする。

ところで、この大きな潮流を加速させているのが、現代の情報テクノロジーであることは疑いえない。そのうち、国境も、都会と田舎の区別もなくなって、サイバースペースが世界を一つにするに違いない……。

このように、私たちはしばしば事柄の新しい側面を過大視する傾向がある。アルゼンチンの社会学者**サスキア・サッセン**は、グローバリゼーションの激しさに幻惑されることなく、その動きと従来の国民国家の間に生じる緊張関係に着目し、両者がせめぎ合う戦略的な場としての「**グローバルシティ**」というモデルを提唱した。

サッセンはまず、グローバルシティの例として、**ニューヨーク**や**ロンドン**、**東京**を挙げた。グローバル経済は、極めて高い不確実性や投機性をもっているから、そ

一口メモ

サスキア・サッセン（Saskia Sassen　1949～）　アルゼンチンの社会学者。グローバリゼーションの時代におけるマクロな政治経済の動向から、移民や女性などを中心としたマイノリティ労働者のミクロな実態まで幅広く言及する、グローバルシティ論の代表的論客である。

れに対応するため企業は高度にネットワーク化された会計、法務、広告、金融、通信などの専門サービス部門を必要とする。そのような専門サービス群は、世界中に分散するよりはむしろ一定の地域内に集まっていくので、その結果、高度な専門サービスの集積地としてのグローバルシティが誕生したのである。このようなグローバルシティは増加傾向にあり、先の三都市のほか、**パリ**、**ロサンゼルス**、**香港**、**シカゴ**、**ソウル**、**ブリュッセル**、**シンガポール**、**ワシントンD・C**、さらに近年では**北京**、**上海**、**サンパウロ**なども新興都市として注目されている。これらの都市は、来歴を異にするにもかかわらず金融、技術、コンサルティング・サービスが集中し、大規模な超国際企業が活動する本拠地となっている。

ただしこのことは、グローバルシティに住むすべての人々の幸福を意味しない。一方では、金融サービスやマーケティング、先端テクノロジーなど、高度な専門サービスに携わるエリートの需要は高まり、彼らは莫大な富を得る。しかし他方で、彼らエリートの日常的なニーズを支えるため低賃金労働が増加する。その中心を担うのは、グローバルに流入してくる外国人労働者である。結果として、グローバルシティでは、中心と周縁の新たな地理的力学が生まれるのである。

高度経済成長という稀有な事態を経験した日本人は漠然と、経済成長はすべての人々を豊かにすると思いがちである。グローバルシティの理論はそんな希望的観測を打ち砕くように、成長産業がむしろ低賃金労働者を生み出す現実を描いている。

まなざしが社会を変える

▼観光のまなざし

グローバル化した世界では、かつてなかったほどの規模で資本が移動し、商品が移動し、人が移動する。とりわけ人の移動は、私たちにそれを実感させる。国内に多くの外国人がいるだけでなく、自分が国際観光（海外旅行）に出かけることも（お金さえあれば）簡単にできるようになった。国際観光は現在のところ、もっとも成功している産業の一つである。グローバリゼーションを特徴づけるこうした人の移動性・流動性は、たしかに社会や生活スタイルを変容させてきた。とりわけ国際観光の発達は、単なる経済効果といったもの以上の根本的な影響を社会に与えている。

イギリスの社会学者**ジョン・アーリ**は、近代人にとっての観光を、その「まなざし」（**観光のまなざし**）に注目して分析した。アーリによると、私たちは観光地で景観をただ見ているのではない。観光（観る）という行為は、そのための特有の戦略や作法のうえにはじめて成り立っているのである。たとえば、観光客が観ている対象は、観光プロモーターなどの観光業者や専門家によってつくられたものである。

一口メモ

ジョン・アーリ（John Urry　1946～）　イギリスの社会学者。国家権力の分析から出発し、空間と移動に関する社会学的分析を行なった。観光社会学のほか、環境社会学、また「自然の社会学」を展開している。

彼らは、観光客が観るに相応しいもの、観光客にとって非日常的なものを、それとして演出し宣伝する。あるいは、観光の促進を意図しているわけでもない映画・テレビ・音楽なども、ある観光地のイメージの構築に一役買っている。そうして生み出された諸々の記号を通じて、観光客のまなざしが形成されていく。観光客は、ものを観る枠組みや、非日常的な体験への期待をあらかじめ持っており、それに沿って、当地で目にしたものや体験を理解するわけである。

観光がこうしたものであり、そしてグローバリゼーションとともに（国際）観光が急拡大してきたという事実は、観光客を受け入れる国や地域の文化・伝統に大きな影響を及ぼしている。つまり、受け入れ側は観光客のまなざしを意識することを通じて、自らの文化・伝統が何であるのかを改めて認識するようになる（**再帰性**）。それはローカルなアイデンティティを復活させたり、新たな形に再構築させたりするきっかけとなるわけである。あるいは、観光の対象として商品化されることによって、端的に当地の文化・伝統の形骸化や社会関係の崩壊を招くこともある。

このように観光のまなざしを媒介として、ローカルなものは外部（グローバルなもの）へと否応なしに開かれることになる。それは、国や地域のアイデンティティだけでなく、そこに属する一人ひとりのアイデンティティをも問い返すきっかけをもたらすのである。

「世界＝経済」のシステム

▼世界システム論

地球の北半球と南半球との著しい経済格差は、南北問題として知られている。しかし、それも南半球の途上国の経済発展にともない、いまではアフリカ問題として議論されるようになってきている。しかし、アフリカに限らず、貧困国・貧困地域はまだ世界中に溢れており、世界規模での経済格差は依然として深刻なままである。世界の半分が飢えているといわれるほどの経済格差は、どのようにして生じるのだろうか。この問いに対して、**イマニュエル・ウォーラーステイン**が提唱した「**世界システム論**」は、一つの有力な回答を提示している。

かつて経済学者の**デヴィッド・リカード**は、世界経済の状況（**国際分業**）を**比較優位説**によって説明した。比較優位説とは、一国における各商品の生産コストを他国のそれと比較し、生産コストが低く市場競争で優位な商品を輸出して、生産コストが高く市場競争で劣位な商品を輸入すれば、双方が利益を得て理想的な国際分業が行なわれるという説だ。

しかし実際には、大国は、その生産力を発揮してニーズのある商品や新製品を真

一口メモ

イマニュエル・ウォーラーステイン（Immanuel Wallerstein　1930～）アメリカの社会学者、歴史学者。「世界システム」の概念を提唱し、西欧を中心、その他の地域を周辺とする巨視的な観点での資本主義システムの形成と発展を、歴史的に検証。社会科学の諸分野や歴史学に大きな影響を与える。

っ先につくり、特許などの手段で囲い込むことによって利益を独占することができる。その結果、先進国は売れる商品（**主導産品**）を作り続けることになり、生産力の低い途上国は慢性的な貧困を余儀なくされてしまうのである。

世界システム論では、主導産品を独占し続ける国・地域を「**中核**」、第一次産業（商品の原料の生産）ばかりの国・地域を「**周辺**」と呼び、中核による市場の独占や、中核／周辺関係に生じる**不等価交換**が、地球規模での経済格差を生み出していると説明する。この中核／周辺概念は、途上国の貧困の原因を先進国の経済発展に求めた**ラウール・プレビッシュ**の**従属理論**から借りたものだが、世界システム論は、それに中核でも周辺でもない不安定な状況にある国や地域を「**半周辺**」として加えることで、**中核**／**半周辺**／**周辺**関係が時代とともに変化するダイナミズムを分析する巨視的な歴史理論となっている。ウォーラーステインは、各国を独立した単位として扱い、そこから「世界」を分析するのではなく、広大な領域に展開する分業体制を一つの**世界システム**として捉え、そこから近代「世界」の歴史を考察する世界システム論特有のアプローチを、「**史的アプローチ**」と呼んでいる。

ウォーラーステインによれば、今日の近代世界システムが成立したのは一六世紀のことだが、衰退せずに現在まで続いている理由は、それ以前の世界システムとは異なり、世界帝国のような一つの政治体に収斂《しゅうれん》せずに、複数の政治システムが存在し続けたことで、政治的な掣肘《せいちゅう》を超えて経済が発展できたことにあるという。

見えざる暴力

▼構造的暴力

『戦争と平和』——ロシアの小説家トルストイの群像小説である。この小説の表題は、しばしば戦争の不条理と平和の大切さを訴えるキャッチコピーとして借用されてきた。そのためか、「戦争」と「平和」を対義語のように思っている人も少なくない。けれども、ノルウェーの国際政治学者**ヨハン・ガルトゥング**によれば、平和は「戦争のない状態」ではなく、「暴力のない状態」と理解されるべきであるという。つまり、「平和」の対義語は「戦争」ではなく、「暴力」であるというわけだ。ガルトゥングは、戦争よりも射程の広い暴力を平和の対義語に充てることによって、平和概念の拡張を試みようとしているのである。するると、次に暴力をいかに定義するかという問題が出てくる。彼は「暴力」を二つに大別することを提案している。まず、戦争のように暴力を振るう主体や、その目的を指し示すことができるような場合を「**行為的（直接的）暴力**」と呼び、一見するだけではどのように関係しているのかわからないために、暴力の主体や目的が特定し難い場合を「**構造的（間接的）暴力**」と呼ぼうというのだ。構造的暴力とは、具体的にはどういうことだろう

一口メモ

ヨハン・ガルトゥング（Johan Galtung　1930～）　ノルウェーの国際政治学者。戦争のない世界＝平和と捉える「消極的平和」に加えて、貧困、抑圧、差別などの構造的暴力がない世界＝平和と捉える「積極的平和」を提起。世界の多くの大学で教鞭をとるかたわら、実際の国際紛争の仲介者も務める。

か。ガルトゥングの定義によれば、それは「実現可能であったものと、現実に生じた結果との間のギャップを生じさせた原因」であると同時に、「このギャップを減少させるのを阻む要因」のことである。要するに、本来ならできたはずのことを、できないままにされること――これが構造的暴力の意味である。

彼によるこうした定義に従えば、たとえば飢餓問題は、構造的暴力として見えてくる。なぜなら、飢餓問題は、食糧生産の不足や人口の増加が要因となっているのではなく、食糧配分の不平等が引き起こしている問題だからである。ある計算によると、目下、世界で生産されているトウモロコシの量は、世界人口を養うに十分であるという。しかし、それらの多くは食肉を生産するための家畜飼料となっており、肉食の拡大とともに家畜飼料となる量は増加しているといわれている。いうまでもなく、その肉を口にするのは私たち先進諸国の人間である。してみれば、私たちは、食事のたびに、知らず知らずに構造的暴力を振るっていることになる。けれども、私たちには加害意識など微塵もないし、飢餓の当事者でさえ、私たちを加害者だとは思っていないだろう。だからこそ、飢餓問題は構造的暴力と見なされるのである。飢餓は私たちの食生活によって、解決を阻まれ続けているのである。

構造的暴力という概念を提示するガルトゥングの狙いは、平和を謳歌している私たちを加害者として暗に名指すことで、戦争がない世界（**消極的平和**）に満足せずに暴力のない世界（**積極的平和**）の実現を、と呼びかけることにあるのだ。

偏見なき異文化理解は可能か

▼オリエンタリズム

世界を二つに分けてみよう。あなたはどのように区分するだろうか。おそらく、もっとも一般的でわかりやすいのは、西洋と東洋に分けることだろう。この分け方は一見すると、単純に文化的・地理的な隔たりに即しただけの、まったく自然で、中立的で、何ら異議をさしはさむ余地のない区分であるように思える。

実際、東洋と西洋とでは人種も異なれば、生活様式や価値観も異なる。あるいは言語の系統も異なる。こうした事実からすれば、西洋と東洋とが異なるものとして区分されるのは、あまりにも自明なことのように思われる。しかし、本当にそうなのだろうか。

そうではない、とパレスチナ出身の比較文学者である**エドワード・サイード**はいう。彼によれば、西洋と東洋、それは世界史のレベルで言い換えれば、**中心**と**周辺**に相当する。このことが意味するのは、文明の中心であることを自負する西洋にとって、東洋は周辺的なものとして、常に支配の対象だったということである。このようにいうと、いわゆる西洋と東洋というものが、はじめから、それぞれ独自のも

一口メモ

エドワード・サイード（Edward Said　1935〜2003）パレスチナ出身で、アメリカの英文学者、比較文学者。主著『オリエンタリズム』によって、帝国主義・植民地主義を分析するポストコロニアル理論を確立した。

のとして存在した、といっているように聞こえるかもしれない。しかしそうではなく、西洋と東洋という区分そのものが、西洋の東洋に対する支配のなかで、徐々に培われてきたものなのである。サイードによれば、「西洋」は、その文化の中に「東洋」（オリエント）的なるもののイメージを作り上げ、それを通じて周辺的な地域に「東洋」を見、そして支配を正当化してきたのである。サイードは、西洋におけるこうした文化的な営みを「**オリエンタリズム**」と呼んでいる。

西洋の文化におけるオリエンタリズムの網の目は、全体として、東洋人を制御可能な他者として描き出してきた。それだけではない。西洋と東洋とを区分する地理的な境界線すら、実は社会的・文化的に描かれたイメージ上の境界線に起因するものである、とサイードは指摘している。

こうした批判を通じて、サイードは、西洋／東洋といった区分を克服するような相互理解のあり方を模索しようとしてきたのである。よくいわれるように、偏見を持って異文化を見てはいけない。確かにその通りである。しかし、それは容易なことではないということもまた、サイードが力説してきたことであった。というのも、西洋のオリエンタリズムを批判することもまた、ややもすれば、ある種のオリエンタリズム（**オクシデンタリズム**）に陥っているかもしれないからである。こうして、サイードは、異文化や他者を偏見なく理解したり、語ったりすることには、非常に繊細な問題が常に含まれている、ということを提示して見せたのである。

創られた「われわれ意識」

▼想像の共同体

たとえば「○○人である」という意識や感覚は、いつ、どのようにして私たちの中に芽生えるのだろう。○○国で生まれたから、○○国で育ったから、○○国の言葉を話すから、あるいはこれらすべてを満たしているから、私たちは自分のことを「○○人」だと意識したり、感じたりするのだろうか。しかし、これらすべてを満たしていても、あなたの両親が別の国の人間で、あなたが両親の生まれ育った国に自分のルーツを見出すなら、あなたはきっと自分を、○○国の人間であるとは思わないことだろう。

どうやら「○○人である」という意識や感覚は、どこかに明確な根拠があるわけではないようだ。いつの間にか私たちの心に刷り込まれている「○○人である」という意識や感覚は、**ナショナリズム**に関わりを持っている。歴史学者で哲学者でもあった**アーネスト・ゲルナー**は、ナショナリズムとは「政治的な単位と文化的あるいは民族的な単位を一致させようとする思想や運動」だと述べたが、彼のこの定義は、アメリカの政治学者である**ベネディクト・アンダーソン**にも強い影響を与えて

一口メモ

ベネディクト・アンダーソン（Benedict Anderson　1936～）アメリカの政治学者。専門は、比較政治、東南アジア、とくにインドネシア。主著である『想像の共同体』は、国民国家分析に新地平を拓き、これまでのナショナリズム研究に一石を投じた。

いる。アンダーソンによれば、国や国民というものは、近代における資本主義の高まりの中で、各地の土着の言語が活字化され出版物として流通したことで、同じ言語を用いる人々の間に生まれた「**想像の共同体**」に過ぎないという。彼は活字文化を通じて生み出された「**われわれ意識**」を、「**民衆ナショナリズム**」と呼び、またわれわれ意識をもたらした資本主義を、特に「**出版資本主義**」と名付けている。

近代西欧で出版資本主義が生み出した民衆ナショナリズムのほかに、アンダーソンは、アメリカへの西欧からの移住者たちや、クレオールと呼ばれる彼らの子どもらの間に芽生えた、本国とは異なるという自意識を「**クレオール・ナショナリズム**」と名付け、それが独立戦争を準備したと論じている。

これらのほかには、支配者層が自らをナショナルな存在として正統化するために、民衆ナショナリズムの高まりを呑み込むように煽動したナショナリズムを、「**公定ナショナリズム**」と呼んでいる。

私たちの、このナショナルな意識や感覚は、明確な拠り所を持たない想像（創造）物であるだけに、他国民への敵意と渾然一体となる時には、歯止めの効かないものともなる。だからこそ、アンダーソンはこのようにして、ナショナリズムを三つに分類するとともに、それらを近代史の中に位置付けて見せることで、いつの間にか私たちの心に刷り込まれているナショナルな意識や感覚を、改めて問い返す機会を私たちに提供してくれているのであろう。

強力な国家とは何か

▼ソーシャルパワー

国家研究は政治学の分野で、社会学は文字通り社会を研究する学問だと思っている人は多いはずだ。確かに国家それ自体を扱った研究は、政治学に比べると社会学には少ない。しかし、社会学の創始者の一人である**マックス・ヴェーバー**や、最近では社会学者の**アンソニー・ギデンズ**が、国家研究に重要な貢献をしているのもまた事実である。とはいえ、彼らの国家研究が「社会学的」であるか否かについては議論の余地がある。つまり、彼らの研究は、国家をモデルとして捉えることには成功していても、現実の国家を説明できていないという批判があるのだ。

マイケル・マンによれば、国家研究の多くは、国家を一体的で完結したものと考え、また国家権力を一方向的なものとして把握してきた。しかし、現実の国家は、利害関係の調整や資源の再配分、自国の防衛、紛争への介入など、実にさまざまな機能を同時に果たし、時とともにその比重を変えるものでもある。つまり、国家は多分に可変的なのである。それゆえ、マンは国家を「**多形性的な結晶**」と表現している。このような多形性的な国家を研究するには、国家を単純なモデルにより把握

一口メモ

マイケル・マン（Michael Mann　1942～）イギリス出身で、アメリカの社会学者。「国民国家」がつくりあげた一元的社会観を打ち砕き、真の世界歴史を考察。研究領域は幅広く、人類学、民族学、政治学、経済学などに精通する。近年は、ファシズム論、ホロコースト、民族浄化の歴史に関して精力的に研究。

するのではなく、国家と社会的諸アクターとの相互関係に注目する必要がある。

こうした観点から、マンは「**インフラストラクチャー的権力**」（以下、インフラ権力）という概念を提示している。国家は、議会や裁判所、学校、保健所などのさまざまな制度的・慣習的なチャンネルを用いて、社会的諸アクター同士の、あるいは社会的諸アクターとの関係を調整することで、市民社会を組織し「**国家帰属化**」を促していく。マンは、国家はインフラ権力を行使することで、社会生活を国民化し国境内へ「**収檻**」していくと論じている。しかし、国家のインフラ権力は一方向的（専制的）なものではない。国家帰属化は、国家による社会の一方的な統合というよりは、国家と社会の**緊密化**を意味する。緊密化によって、国家は「社会的な」機能を増大させて「強力な国家」となっていくのだが（**民政管掌範囲の拡大**）、この過程は、国家と社会との相互通行的な関係の構築でもあるために、国家の権能の集中と拡大は、誰が、どこで（どの言語で）権力を統御するかという権力配分の問題を惹起する。それゆえ国家は、社会的諸アクターが**政治的代表権**をめぐって闘争する社会紛争の場となる。要するに、国家の統合力は常に問題含みなのである。

国家と社会を対立的に捉えることなく、むしろ国家の強力さを、社会的な力（**ソーシャルパワー**）との連関関係から捉えるマンの国家論は、これまでの国家研究に、新しい枠組みを提供するものであると同時に、社会学的な研究の重要性を示唆するものでもあるのだ。

社会を支える国家

▼第三の道

よりよい政治の形は何か。市場原理による自動調整を信頼して、政府の介入を最小限に抑え、もって市民の自由を最大化する政治（小さな政府）か、それとも、市場が生み出す格差や矛盾を見据え、あくまで平等な分配を第一とする政治（大きな政府）か。つまり、国家が果たすべき役割を効率の実現とするのか、それとも公正の実現とするのか。

二〇世紀の現実の政治は、小さな政府から大きな政府（福祉国家、**社会民主主義**）を経て、再び小さな政府（サッチャーらの**新自由主義**）へと移行してきた。それは、効率の重視が社会の歪みを生み、その補修としての公正の追求が財政破綻に至り、再び効率へと立ち戻った歴史である。してみれば、私たちは、この二つの政治の間を、振り子のように行ったり来たりするほかないのであろうか。選択肢は二つしかないのであろうか。

イギリスの社会学者**アンソニー・ギデンズ**は、「効率と公正の同盟」という第三の選択肢、すなわち「**第三の道**」を提示した。第三の道は、市場の役割を放棄しな

選択肢は2つだけ？

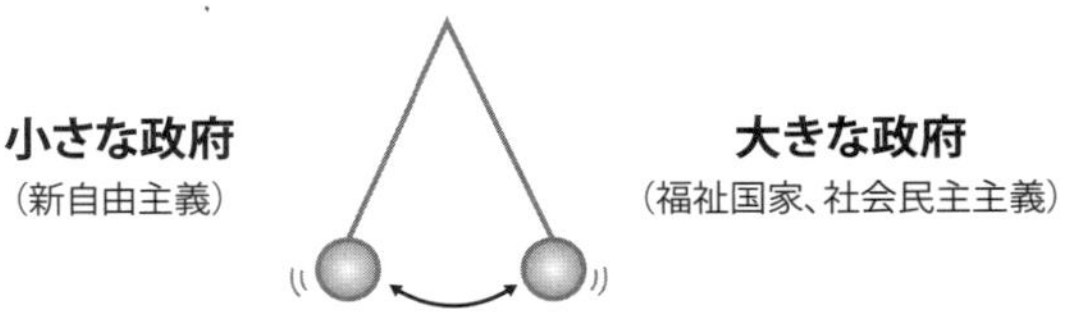

い。ただしそれは、従来のように経済成長を最優先課題とはしていない。

ギデンズによると、今日の最優先課題は、経済成長ではなく、多様な価値やライフスタイルを可能にさせる条件を整備することにある。さらに第三の道は、社会政策も放棄しない。ただしそれは、従来のように政府が手厚い保護を与えることを意味しない。第三の道の社会政策は、社会への投資にほかならない（**社会投資国家**）。つまり、国家は、個々人を積極的な生へと動機付け、個々人が潜在能力を発揮する機会を確保し、人々が自立と連帯に向かうための条件の整備をするのである。こうして第三の道は、「**アクティヴな市民社会**」を育て上げ、それによって政府と市民社会との相互補完・相互監視という意味での協力関係を築こうとしているのである。

ギデンズは、こうした社会政策が強調される背景には、「**新しい個人主義**」という思想の台頭があるという。それは、市場が育むような利己主義ではない。そうではなく、それはグローバリゼーションによって、個々人が伝統や慣習から解き放たれたことによって生じた個人主義である。ギデンズは、そうした新しい個人主義による新たな社会的連帯を模索する必要があると主張する。というのも、かつてのようにトップダウンで政府が介入したり、伝統に訴えたりすることによっては、もはや社会的連帯は保証されないからである。したがって第三の道は、個々人により積極的な生き方をするよう求めているのである。

〈帝国〉の支配に抗して

▼マルチチュード

グローバル化という言葉が人口に膾炙して久しい。ヒト・モノ・カネ・情報が凄まじいスピードで国境を越えて飛び交う現代社会では、国民国家同士の覇権争いという構図はいくぶん後景に退き、むしろ国民国家はもちろん、国連やＩＭＦ、ＷＴＯ、世界銀行、多国籍企業、国際ＮＧＯ団体、巨大メディアなどが複数の要素または結節点となって構成する、ネットワーク状の権力が世界を支配する。イタリアの活動家で哲学者の**アントニオ・ネグリ**と、アメリカの思想家**マイケル・ハート**は、この新しいネットワーク状の権力を「**〈帝国〉**」と呼んだ。

〈帝国〉は、旧来の植民地支配における宗主国のような特権的な中心を持たないこと（**脱中心的**）、また従来の支配形態のように領土を問題としないこと（**脱領土的**）を特徴とする。したがってそれは同じ「帝国」を掲げる古代ローマ帝国やオスマントルコ帝国とも、いくつかの中心的な国民国家が植民地支配を通じてそれぞれの拡張を図る近代の帝国主義とも異なる支配秩序である。

そんなグローバルな秩序としての〈帝国〉は、国を単位とした政治や経済、ある

一口メモ

マイケル・ハート（Michael Hardt　1960～）アメリカの哲学者、比較文学者。フランスで亡命中のネグリに師事し、のちに『〈帝国〉』や『マルチチュード』『コモンウェルス』など、一連の共著を執筆したことで知られる。

一口メモ

アントニオ・ネグリ（Antonio Negri　1933～）イタリアの活動家であり哲学者。マルクスやスピノザの研究で知られるが、労働運動の理論的指導者、イタリアのアウトノミア運動の中心人物など、ラディカルな活動家としても有名。1979年にはテロ事件に関わったとの容疑で逮捕・投獄された。

いは戦争の意味合いすらも変えてしまった。事実、九・一一に端を発する「テロとの戦争」以後、戦争という語は、主権国家の武力衝突という従来の意味から、いわば〈帝国〉内の「内戦」、それも、その争い自体が〈帝国〉の秩序の一部を為すようなものへと意味を変えつつある。〈帝国〉は、戦争を契機にして、より広くより深く世界を覆うようになるのだ。

経済格差、既存の社会関係の分断、そして恒常的な戦争状態をもたらし、むしろそれらを道具として支配秩序を作り出す〈帝国〉の時代。しかしネグリとハートは、そんな現代社会に、一つの抵抗の拠点としての、新しい人々の連帯の可能性も見出そうとする。それが「**マルチチュード**」である。

マルチチュードは人々の集まりであるが、国民国家の枠組みにおいて形成された人民とは異なる。人民はしばしば単一の同一性を前提とする主体のイメージを持つが、マルチチュードはそのなかに多様な差異を含みこむ。またそれは、差異を失った均一的な集団としての大衆とも、階級という排他的区別に基づいた旧来の意味での労働者とも異なる。マルチチュードは異なる文化、人種、民族、ジェンダー、性的指向性、生活様式、世界観、欲望など縮減できない無数の差異を含み、しかし同時に、互いにコミュニケートし、従来の〈公〉と〈私〉の区別を超えた〈**共**（**the common**）〉なるものを生み出し、ともに行動する人々を意味する。それは〈帝国〉の生成と同時に生じた〈帝国〉への抵抗の契機だと、彼らはいうのである。

参考文献

『1冊でわかる　グローバリゼーション』マンフレッド・B・スティーガー、岩波書店

『グローバル・シティ―ニューヨーク・ロンドン・東京から世界を読む』サスキア・サッセン、筑摩書房

『観光のまなざし―現代社会におけるレジャーと旅行』ジョン・アーリ、法政大学出版局

『入門・世界システム分析』マニュエル・ウォーラーステイン、藤原書店

『構造的暴力と平和』ヨハン・ガルトゥング、中央大学出版部

『オリエンタリズム（上・下）』エドワード・サイード、平凡社

『想像の共同体――ナショナリズムの起源と流行』ベネディクト・アンダーソン、NTT出版

『ソーシャルパワー：社会的な〈力〉の世界歴史Ⅱ　階級と国民国家の「長い19世紀」（上・下）』マイケル・マン、NTT出版

『第三の道――効率と公正の新たな同盟』アンソニー・ギデンズ、日本経済新聞社

『マルチチュード』アントニオ・ネグリ、マイケル・ハート、NHKブックス

第９章　理論とモデル①

日常的な行為が可能にするもの

厄介な性質。──何でもかんでも深刻に考えること──これは厄介な性質だ。それはひとびとの眼を絶えず張り詰めさせて、結局はいつも彼が求めていたより多くのものを見出させるものだ。

（ニーチェ『悦ばしき知識』ちくま学芸文庫ｐ．２４４）

秩序はいかにして可能か

▼ダブル・コンティンジェンシー

どうして社会には一定の秩序が保たれているのか。最初にこの問いを発したのは、イギリスの哲学者**トマス・ホッブズ**であった。人間は放っておくと各々自分の利益を最優先に行動し、「万人の万人に対する闘争」に至るはずである。にもかかわらず、社会に秩序があるのはなぜか、というわけである。「**秩序問題**」と呼ばれるこの問題は、社会学・経済学・政治学・心理学など、さまざまな領域で議論されてきた。

秩序問題を取り上げた社会学者の代表格は、アメリカの**タルコット・パーソンズ**である。彼の特徴は、秩序問題を「**ダブル・コンティンジェンシー**」（二重の不確実性）という観点から考えた点にある。ダブル・コンティンジェンシーとは、二人の人間の間で、一人がどのような振る舞いをするかは相手の出方次第であり、相手側からみても事情は同様、という状況のことである。お互いに相手の出方が不確実だから、この場合、不確実性《コンティンジェンシー》が二重《ダブル》になっているわけである。

そこで問題となるのは、理屈上、この状況下ではお互いに相手の出方を見ている

一口メモ

タルコット・パーソンズ（Talcott Parsons　1902～1979）アメリカの社会学者。行為の一般理論、構造機能主義などを提唱し、20 世紀における社会学の理論的水準を一気に高めた。

一口メモ

ニクラス・ルーマン（Niklas Luhmann　1927～98）　ドイツの社会学者。パーソンズを批判的に継承しながら、機能構造主義、等価機能主義を提唱。法、政治、宗教、教育、科学など、多岐にわたる領域をシステム理論で論じた。

だけで、いつまでたっても相互行為は始まりようがないはずだ、ということである。ところが、実際には日々、相互行為は生じている。それはいかにしてか。どのようにして、このダブル・コンティンジェンシー状況は打破され得るのか。

パーソンズの回答は、相互行為が可能であるのは、相互行為を行なう両者の間に、あらかじめ共通の価値が存在しているからだ、というものであった。つまり、両者はあらかじめ相手が何を期待しているかを予想できる程度に、社会のルールや価値観（要するに文化）を共有しているのである（**期待の相補性**）。したがって、パーソンズにとって、秩序問題を解くカギはこうした価値観やルールを内面化すること（**社会化**）にあるわけだ。

他方、**ニクラス・ルーマン**は、ダブル・コンティンジェンシーという問題設定そのものは受け継ぎつつ、パーソンズとは異なる回答を出している。ルーマンによると、相互行為が成立するために、二人の人間の間にあらかじめ共通の価値観が存在する必要はまったくない。というのも、ダブル・コンティンジェンシー状況は、まさに不確実であるからこそ、ほんの些細な「偶然」によっても相互行為の糸口を得ることができるからである（**ノイズからの秩序**）。たとえば眼差しによって。あるいは、ささいな身振りによって。そうした偶然やノイズが行為の連鎖を惹起する。ルーマンにおいては、コンセンサスは前提ではなく、むしろそうした過程から生じるものなのである。

理論とモデル①
082

願えば叶う？

▼予言の自己成就

誰もが一度は入試を明日に控えて眠れぬ夜を過ごしたことがあるのではないだろうか。寝不足では明日の試験に悪影響がでるから早く寝よう、と思えば思うほど寝つけずに、結局は寝不足で試験に集中することができなかったという経験をした人もいるに違いない。この人の場合、たしかに寝不足が試験に悪影響したわけだが、しかしそもそも「寝不足では明日の試験に悪影響がでるから早く寝よう」と試験前夜に強く意識さえしなければ、案外すぐに寝つけたのかもしれない。

アメリカの社会学者**ロバート・マートン**は、前述の例のように、予言されることで予言された事態が現実のものになるメカニズムを「**予言の自己成就**」と呼び、その説明を試みている。彼は次のように説明している。予言の自己成就とは「世間の人々の状況規定（予言または予測）がその状況の構成部分となり、かくしてその後における状況の発展に影響を与えるということである」。マートンの指摘する「状況規定が状況の構成部分となる」というのは、いったいどういうことだろうか。先の寝不足の例で考えると、「寝不足は試験に悪影響する」という状況規定が、「寝不足

予言の自己成就

状況規定		結果
寝不足は試験に悪影響を及ぼす	→	寝不足で試験に集中できなかった
破産するかもしれない	→	破産

で試験に集中できなかった」という結果そのものを生じさせる原因になっているということである。別の例からも考えてみよう。予言の自己成就についてのマートンの有名な例に、銀行の破産に関するものがある。ミリングヴィルに経営が健全な銀行があったが、破産の危機にあるという出鱈目な予測が流れたことで、皆がわれ先にと預金を引き出し、その結果本当に破産してしまったのだ。「破産するかもしれないという状況規定」が「現実的な破産という状況」を構成したわけである。マートンによれば、こうしたことは「人間界特有のことで、人間の手の加わらない自然界ではみられない。ハレー彗星の循環がどんなふうに予測されようと、その軌道には何の影響も及ぼさない。しかし、ミリングヴィルの銀行が支払い不能になったという噂は、実際の結果に影響を与えたのである。つまり、破産の予言が成就されたのである」と述べている。

自然現象とは異なり、私たちの生活の中に生じるいわゆる社会現象には、結果と原因を截然と区別するべきではないことが多々ある。私たちの事前の認識は、さまざまな社会現象に対する経験から形作られているが、しばしば事前の認識それ自体が社会現象の構成要素として作用し、時に**意図せざる帰結**をもたらしてしまう。予言の自己成就が教えることの一つは、私たちの認識と状況のリアルさは切っても切り離せないということだ。であるなら、私たちは自分自身へのよりよき予言によって、よりよき自分となることもできるはずなのだ。

人生ゲームの攻略法

▼ゲーム理論／囚人のジレンマ

私たちの社会は、一見すると誰もが好き勝手に生きているように思える。しかし実際には、私たちは法律や道徳や組織のルールなど、実にさまざまな制約条件の下で試行錯誤しているに過ぎない。何をどういえば相手に好かれるか、何をどうアピールすれば儲かるかなど、戦略的な思考を巡らすのは、何もビジネスマンに限ったことではないのだ。どんなことであれ、できるだけ自分の思うように事を進めようとすれば、私たちは何よりもまず、一定の制約の下で他者と向き合わねばならない。「自分以外の人間がいる」という当たり前の事実が、実は、私たちが好き勝手に生きるのを根本で制約しているのである。制約下で戦略的に思考する私たちの日常が、しばしばチェスや将棋などのゲームにたとえられるのも頷けることだろう。

ハンガリー出身の数学者**ジョン・フォン・ノイマン**は、まさにチェスをしている最中に、私たちが日々の生活の中で、どんな時にどんな行動を取るのかを、さまざまな制約条件を加味して数学的に記述する「**ゲーム理論**」を着想したといわれている。いまではゲーム理論は、取るべき最適な戦略の決定や、状況のダイナミクスを

一口メモ

ジョン・フォン・ノイマン（John von Neumann　1903～57）アメリカの数学者。当初は公理的集合論の研究を行なうが、量子力学の数学的基礎づけと関連してヒルベルト空間などを研究。第二次世界大戦中からは、電子計算機の理論、ゲーム理論など幅広く考察。

解析するために、実に多くの分野で応用されるまでになっている。その中でも、特に「個々人にとっての最良の選択が全体として最適な選択とはならない」状況を説明するものに**「囚人のジレンマ」**と呼ばれるものがある。

次のような状況だ。いま共犯者らしき二人の男が捕まり、別々に尋問を受けている。取調官は共犯を立証したいが、二人の男がともに黙秘すれば微罪での求刑しかできない。そこで、自白した者は懲役五年で、他方は懲役一五年、両者自白すれば懲役一〇年になると伝える。すると囚人Ａは、囚人Ｂの裏切りを恐れ、最短の懲役五年になるために自白を選ぶ。しかしこれは、囚人Ｂにとっても同じで、自己利益ばかり考える二人の男は、最良の選択が「両者黙秘」であるにもかかわらず、刑を軽くしようと裏切り合い、結局は、「両者自白」で懲役一〇年となる。自分にとっての最良の選択が、全体として最適な選択とはならなくなったわけである。

「囚人のジレンマ」モデルで考えるなら、競争の過剰は避けられそうなものだ。というのも、個人が競争に勝つ最良の状態は、自分だけが競争を継続し他人は自粛することだが、世の中そんなに甘くはない。かといって競争の過剰に反対して一人自粛しても、自分が敗退するのがオチだ。もし誰もが競争の激化を問題視し、そしてゲーム理論に習熟しているなら、最適な選択は誰もが競争を自粛することだと気づくはずである。しかし現実はそうはなっていない。さて、いまあなたがすべき最適な選択は何か？　それは、ゲーム理論をみなに教えて回ることかもしれない。

理論とモデル①
084

こんなはずじゃなかった

▼認知的不協和の理論

お金を貯めてやっとの思いで購入したら、すぐ後により安く、しかも性能のよい新製品が出たということはないだろうか。あるいは、通常よりも安く買えたと思ったら、別の店ではさらに安く売っていたということはないだろうか。こういう時は、なんとも悔しいものだ。しかし、私たちは悔しいと思うより前に、「新製品には不具合が付き物だ」とか、「この店の安い商品はキズ物かもしれない」などと考えて、自分を納得させようとするのではないだろうか。

アメリカの心理学者**レオン・フェスティンガー**は、前述の例のように「自分の行動」と「周囲の現実」に不協和が生じた場合に、私たちが「自分の行動」を正当化しようと努めることに注目した。フェスティンガーは、私たちが複数（通常は二つ）の異なる認知を同時に抱えている場合や、その時に抱く不快感を「**認知的不協和**」と名付けた。彼によれば、私たちは認知的不協和に陥った場合、不協和を低減したり解消したりするべく、情報を無視したり、行動を正当化するのに有利な情報だけを集めたり、都合よく解釈を変えたりするものだという。「こんなはずじゃな

一口メモ

レオン・フェスティンガー（Leon Festinger　1919～89）アメリカの社会心理学者。師である「社会心理学の父」レヴィンの影響を強く受ける。レヴィン、リピット、カートライトとともに集団力学の開拓者の一人。認知的不協和理論や社会的比較過程理論の提唱者として知られる。

かった」との思いが強いほど、私たちは情報を故意に操作して、時に動かし難いはずの現実までをも否定することがあるのだ。

フェスティンガーが「認知的不協和の理論」によって示したのは、動かし難い現実を前に自分の行動を正当化しようと、強がってみせるということではない。むしろそれは不協和に陥ってなお、頑なに自分自身の正当性を信じようとする私たち人間の悲哀にある。彼が行なった次のような実験からは、人間の悲哀がより顕著に窺える。フェスティンガーは、単調な作業を学生にさせ、その作業の対価として十分な報酬を支払った学生と、不十分な報酬しか支払わなかった学生に、その単調な作業がいかに楽しいものであったかを伝えさせるという実験を行なった。実験の結果、報酬が少ない学生は、十分な支払いを受けた学生より、作業の楽しさを伝える度合いが強くなったのである。フェスティンガーはこの結果をこう説明した。報酬の少ない学生には、不十分な報酬と楽しさの伝達との間の認知的不協和を解消するために、つまり、かけたコストを意味あるものにするために、「実は作業は楽しいと思えるところも多々あった」と自分の認知を修正する心理が働いたのだ、と。

彼は認知的不協和の研究結果から、次のようなアイロニーを引き出している。「本当の意見変化ないし態度変化を得たいと望むなら、むしろ外面的（形式的な）承諾をやっと引き起こせる程度に、賞や罰を与えるのが最良の方法である」と。

理論とモデル①
085

矛盾との付き合い方

▼ダブルバインド

学校の先生や職場の上司から「もっと自発的に行動しなさい」といわれたことはないだろうか。そういわれて、もっと「自発的」になったなら、先生や上司は満足してくれるだろうか。もし彼らが、他人の命令に従ってばかりいることに苛立っているとしたら、いわれたとおりに自発的になっても満足はしてくれないだろう。

論理的に考えれば、「自発的になれ」という命令に従うことは不可能である。なぜなら、他人から「自発的になれ」といわれて自発的になるのは、真の意味で「自発的」ではないからだ。この命令に従えば自発性は失われ、従わなければ自発的ではない状態が続く。つまり、この命令は服従することも、服従しないことも同時に禁止していて、どうやっても自発的にはなれない状態をつくってしまうのだ。

このような矛盾するメッセージによって引き裂かれている状況を、文化人類学者・精神病理学者・生態学者の**グレゴリー・ベイトソン**は、「**ダブルバインド**」(二重に拘束されている状況)と呼んだ。私たちは、ほとんどの場合、論理的な矛盾にいちいち頭を悩ませることなく、それらをやり過ごしている。日常生活がどうにか

一口メモ

グレゴリー・ベイトソン（Gregory Bateson　1904～80）アメリカの文化人類学者、精神病理学者、生態学者。ニューギニアとバリ島で研究に従事。サイバネティックスに接近し、さらに情報理論の諸概念を精神医学の分野に応用。

平穏であるなら、それは、やり過ごしが成功しているおかげである。

ところが、学校や職場などの逃げられない場で、ダブルバインド状況にさらされ続けると、状況に応じた適切な反応ができなくなることがある。そういう場合、私たちは何とか自分を防衛しようとして、「現実」やメッセージの内容を歪曲するようになったり、メッセージを文字通りにだけ受け取って、それ以外の意味を勘案しなくなったりする。ベイトソンは、心理的な苦痛や葛藤を生み出すダブルバインド状況での、こうした対応の積み重ねが、いわゆる統合失調症の発症リスクを高めると考えていたのである。

ベイトソンによれば、「現実」の一元化を強いられること、つまり「現実」のさまざまな側面やさまざまな解釈の可能性が奪われることは、人間の生を貧しくするものにほかならず、その意味では病理的であるという。しかしながらベイトソンは、ダブルバインドをなくすべきだと主張することはなかった。というのも、ダブルバインドは、人間にとって「現実」がさまざまな側面を持ち、さまざまな解釈が可能であることとの条件でもあるからだ。

したがって私たちが考えるべきなのは、ダブルバインドそのものではなく、その状況がどのような場（たとえば家庭、学校、職場など）において、どの程度生じているのかということである。ダブルバインド状況を自覚し、それを越えることができれば、自分自身を成長させる大きなチャンスともなるだろう。

理論とモデル①
086

「当たり前」のことは当たり前ではない

▼現象学的社会学

店でものを買うときはお金を払う。上司の命令には従わねばならない。仏像やお墓を壊すような罰当たりなことをしてはならない。人から挨拶されたら、挨拶を返す。電車の中で騒がない。私たちは普段、こうした日常的な振る舞いの多くを「当たり前」のことだと考えている。いや、「考えている」というよりは、考えるまでもなく「当たり前」のこととして振る舞っているのかもしれない。あるいは、私たちは普通、目の前にある机や本やコーヒーカップが実際にそこに存在している、ということを疑ったりはしない。そんなことは疑うまでもない事実である、と。

このような無数の「当たり前」や、いちいち問い返されることのない「事実」が、社会には満ち満ちている。そして実は、私たちがともかくも円滑に日常生活を送ることができているのは、そのおかげなのである。しかし、逆にいえば、私たちの日々の振る舞い、ものの見方、感じ方などは、私たちがいちいち疑念を持ったりしない無数の「当たり前」や「事実」によって、善くも悪くも、大幅に制約されていることになるのではないか。そこで、私たちの生活において「当たり前」として前

一口メモ

アルフレッド・シュッツ（Alfred Schütz　1899～1959）　ドイツ出身で、のちにアメリカに亡命した哲学者・社会学者。マックス・ヴェーバーの行為概念を批判的に検討、精緻化した。またフッサールによる現象学を取り込んで現象学的社会学を創始した。

提されているような事柄のしくみに取り組んでいったのが、**アルフレッド・シュッツ**を創始者とする「**現象学的社会学**」の立場に立つ社会学者たちであった。現象学とは、たとえば「目の前に机が存在する」という私たちの「確信」がどのようにして生まれるのか、といったことを解明しようとした哲学の一派である。これを踏まえて現象学的社会学者たちは、「現実」なるものは、誰にとっても同じ意味を持つものとして、客観的に（私たちの意識とは無関係に）存在するようなものではない、と主張する。つまり、ある人にとって「当たり前」のことでも、他の人にとっては、そうとは限らない。あるいは、ある人にとって「正常」だと思われる事柄も、他の人にとってはそうとは限らない。「現実」とは、私たち一人ひとりが、他者との相互作用を通じて作り上げ、それを本当のことだと思い込んでいるものなのである。

　こうした現象学的社会学の見方がもっとも盛り上がりを見せたのは、一九六〇年代のアメリカであった。それは、公民権運動や学生運動などによって、社会のあり方が問い直された時代であり、それまで社会の周縁部にいた人々（たとえば黒人）が、権威主義や人種差別に対して反対の声をあげた時代であった。そうした風潮と歩調を合わせるように、現象学的社会学は、私たち一人ひとりの主観的な意味づけこそが、「現実」を作り上げていくものであるという主張を掲げ、当時の社会学界で優勢だった**構造機能主義**の向こうを張る**意味学派**の一翼を担ったのであった。

人生はドラマだ

▼ドラマトゥルギー

「人生はドラマだ」といわれることもあるが、まさにそのようなものとして社会を研究した学者がいる。アメリカの社会学者**アーヴィング・ゴフマン**である。ゴフマンは、人々が日常生活の中で、まるで舞台俳優のように演技し、周囲に与える印象に気を配りながら行動しているという観点から、そのさまざまな実践を詳細に描き出そうとした。ゴフマンのこのアプローチを「**ドラマトゥルギカル・アプローチ**」（**演劇論的アプローチ**）という。

ゴフマンの指摘によれば、私たちは常に「会社員」「親」「教師」「患者」といった社会から与えられた役割を状況に応じて演じ（**役割演技**）、自分の与える印象を管理している（**印象管理**）。しかしゴフマンは、人々がただ自分の都合をよくするために印象管理を行なっているといいたかったわけではない。ゴフマンは、印象管理が時に舞台の維持を、つまりその場の秩序を維持するためにも行なわれている、という点に着目した。「この状況では誰がどういう役割を果たすべきなのか」という「**状況の定義**」が参加者に共有され、それぞれが役割演技を行なうことで初めて、

一口メモ

アーヴィング・ゴフマン（Erving Goffman　1922～82）　アメリカの社会学者、社会心理学者。演劇的アプローチの提唱者。シェトランド諸島のフィールド・ワークに従事後、合衆国国立精神衛生研究所の研究員として研究のかたわら、精神病患者の参与観察を行なう。

日常生活が成り立つと考えたのである。たとえば教師が生徒の前で、自分のわからないことを巧妙に隠そうとしたとする。もちろんこれは自分の体面を守るために行なわれていることでもあるだろうが、その一方で「学校の授業」という状況を守るためにも行なわれている。教師は生徒に勉強を教え、生徒は教師の授業を聞く。「学校の授業」は、「教師」「生徒」という役割に基づいた一つの舞台であり、これが壊れてしまえば、まさに学級崩壊になってしまいかねない。

しかし、人は一方的に与えられた役割を演じるばかりではない。役割から敢えて距離をとり、そこに役割から離れた別の自分を示そうとする場合がある。これを「**役割距離**」と呼ぶ。「学校をサボる」ことを考えてみるとわかりやすいだろう。往々にしてそういう場合、学校をサボって何かしたいことがあるというよりも、それによって「生徒」という役割から距離をとることが第一の目的だったりする。

ゴフマンは、ドラマトゥルギーという観点を通じて、日常生活がごく些細な不具合で破綻する壊れ物であり、役割演技と役割距離との駆け引きによって成り立つ動的なものであるということを示そうとしたのである。

「人生はドラマだ」という言葉の通り、この観点は一見当り前のように思えるかもしれないが、「現実が事実としてどうであるか」ではなく、「人々にとって現実はどう成り立っているか」に視点を転換させることによって、人々のコミュニケーションのあり方を研究するために重要な役割を果たしているのである。

理論とモデル①
088

紛れもない現実

▼社会構築主義

自分が現実だと思っていたものは、実はコンピュータが作り出した仮想現実だった——これは映画『マトリックス』の設定である。映画では、主人公は仮想現実であることに気づき、現実世界のために戦うのだが、主人公はどうやって仮想現実と現実とを判別することができたのだろうか。現実か否かを判断するには、それを判別できる客観的な指標が必要である。しかし、その客観的な指標が現実のものなのか、それとも仮想現実のものなのかを、私たちはどうして知ることができるのだろう。実のところ、客観的な指標の、その客観性を保証するものなど何も存在しないのである。すべての判断は、つまり客観と主観との区別もまた、私たち自身の主観的な認識の結果に過ぎないのだ。しかし、現実が主観的なものでしかないということと、私たちが現実の拘束を受けないということとは、まったく別のことである。

ピーター・L・バーガーと**トマス・ルックマン**によれば、私たちの主観的な現実認識は、社会的な相互作用を通じて常識化（正当化）される。つまり、人々は社会的行為を通じて、お互いに前提としている現実認識を確かめ合い、それをいわゆる

一口メモ

ピーター・L・バーガー（Peter L Berger　1929～）　アメリカの社会学者。シュッツの影響を受け、現象学的社会学、理解社会学を研究。「社会的現実は意識の一形態である」と主張、人間主義的視点から知識社会学や宗教社会学の分野でも業績を残す。

一口メモ

トマス・ルックマン（Thomas Luckmann　1927～）　ドイツの社会学者。現象学的社会学を提唱。宗教は、共同体の信憑性構造を失って個人主義化し、好みや趣味としての宗教となったと主張。宗教がもっぱら心の内面だけの問題となったことを「見えない宗教」と呼んだ。

常識として理解するようになるわけだ。すると、この常識化された認識に基づいた人々の振る舞いは、紛れもない**客観的現実**として現われ、人々が共有する現実認識を強化していくのである（『現実の社会的構成』）。「現実」とは、社会的な相互作用を通じた**現実認識**の「**制度化**」と「**慣習化**」の結果であると考える、このような社会学的な立場は、「**社会構築主義**」と呼ばれる。

ところで、**J・I・キツセ**と**M・B・スペクター**は、社会構築主義の立場から、社会問題の研究はどうあるべきかを考えた。キツセらによれば、社会学的研究の多くは、貧困や犯罪、人種差別などの社会現象を、いわゆる**社会病理**として、つまり異常な社会現象として論じてきた。しかし、社会現象を「正常／異常」と区別する指標は、そもそも時代や文化によっても異なり、一義的に定義できるものではない。それゆえ、キツセらは、社会問題の研究は、「問題」とされる何らかの実態を対象にするのではなく、ある状態を「問題だ」と訴える人々の活動を対象にするべきだと主張した（**クレイム申立て**）。言い換えれば、キツセらは、社会学者が恣意的に設定した「正常／異常」の指標に従って、社会問題が研究されることを批判し、実際に問題となっている事柄がどのように「問題」となったのか、つまり社会問題はいかにして構築されたのかを研究すべきだと主張したのである（**社会問題の構築主義**）。こうしたキツセらの主張は、社会問題の研究を専門知の拘束から解き放ち、人々の経験に眼を向けさせるものであった。

日常生活に満ちた暗黙のルール

▼エスノメソドロジー

友達に「おはよう」と挨拶して、「もうお昼も近いし全然早くないけど、何が早いの?」と返されたら、あなたは面食らうことだろう。場合によってはバカにされたと思って腹を立てるかもしれない。あなたにとって「おはよう」は単なる挨拶で、言葉の通りの「お早よう」(=早いね)という意味ではない。普段ならば確認する必要もない「当たり前」のルールが破られると、人は驚いたり腹を立てたりする。

挨拶に限らず、日常生活はそんな暗黙のルールの上に成り立っているのである。

アメリカの社会学者**ハロルド・ガーフィンケル**は、普段ではありえない受け答えによって相手に混乱を引き起こす「**違背実験**」によって、日常生活の前提にある「当たり前」のルールを明るみに出した。

ガーフィンケルが違背実験を行なったのは、**タルコット・パーソンズ**が社会学の根本問題として考えていた、「社会秩序はいかにして可能か」という疑問に答えるためだった。パーソンズ自身は、人々が価値や理念を内面化することで社会秩序が成立すると考えたが、ガーフィンケルはそう考えなかった。たとえば、会話の流れ

一口メモ

ハロルド・ガーフィンケル（Harold Garfinkel　1917～）　アメリカの社会学者。シュッツの現象学的社会学やパーソンズの行為の一般理論等の影響を受け、人々の日常的な行為の諸相の意味づけを社会科学的に分析・研究するエスノメソドロジーを提唱。

という秩序を成り立たせるためには、正しい文法や言葉遣いをマスターしておけばよいのだろうか。もちろんそうはいかない。同じ言葉でも、前後の文脈や言い方で、まったく違う意味を持つことはよくあることだ。私たちは経験的に、どんなに正しく言葉を使っても、その場その場での状況判断がなければ会話の流れは成り立たないことを知っている。しかも、秩序を成り立たせるための価値が正しく内面化されたかどうかを、社会学者はどうやって知ることができるのだろうか。

そこでガーフィンケルは、パーソンズのように目に見えない人々の「内面」を探るのではなく、いま目の前に見えている人々の実践に注目することによって、社会秩序を明らかにしようとした。だが、見えていることの中にある秩序は、観察する人にとっても「当たり前」であり、見えなくなってしまいやすい。そこで、ガーフィンケルは違背実験を行なったのである。

ガーフィンケルは自らの「当たり前」の秩序への注目を、人々（エスノ）の方法（メソッド）についての研究として、「**エスノメソドロジー**」と呼んだ。ガーフィンケルは、それまでの社会学が、「常識的な日常生活がどうして可能なのか」を見過ごしてきたと批判し、社会を構成する「どういう状況でどういう行為をすべきか」という方法論を解明することが社会学の役割だと考えたのである。エスノメソドロジーはその後、会話の規則を見出す「**会話分析**（**談話分析**）」へと発展し、いまなお、社会学の研究方法の一つとなっている。

社会を知る方法

▼社会調査

イベント会場や説明会の後ではよくアンケートの記入を求められる。大学で授業評価のためのアンケートが配られたり、街頭で「アンケートにご協力ください」と声を掛けられたりと、アンケートを求められる機会は意外と多い。このような、人々の行動や意識を捉えるために行なわれる調査を、広く「**社会調査**」と呼ぶ。

社会を研究対象とする社会学にとって、社会調査は欠かすことのできない研究方法の一つである。しかし、たとえば街頭で回収されたアンケート調査の結果を、社会学的な研究の成果として信頼することは難しい。なぜなら、社会学の調査では、「誰が回答者か」（**標本**／**サンプル**）が明瞭で、「その回答者が属すのはどのような傾向を持つ集団か」（**母集団**）が分析可能である必要があるからだ。街頭アンケートでは、前者はわかっても後者はわかりにくいのである。国勢調査のような、母集団（＝国民）すべてを対象にする調査（**全数調査**）では、標本＝母集団となるので、社会学の調査としての要件を満たしているといえる。しかし、ほとんどの調査は全数調査ではないので、母集団の傾向を明らかにするためには、調査内容に沿った母

母集団、標本とも明確でなければならない

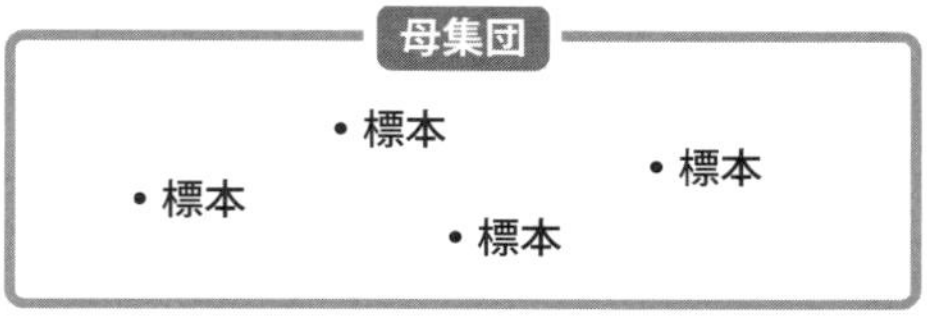

集団の中から、無作為に調査対象者を選び出して（**無作為抽出**）、彼らの回答が確率的にどの程度の確からしさを有しているのかを、統計によって確かめる必要があるのだ（**検定**）。だから、母集団を明確にできないまま、やみくもにアンケートを取っても、得られた回答が何を代表するものであるのかわからないので、そうした調査結果は社会学的な研究成果とは見なすことができないのである。

また、社会調査にはこうした統計に基づく「**量的調査**／**定量的調査**」だけでなく、調査対象者に**インタビュー**をとる方法や、特定の集団に実際に参与しながら調査する方法（**参与観察**）もある。これらは、大量のデータから母集団の傾向をつかもうとする量的調査に対して、個別の事例の詳細を掴もうとするものであることから、「**質的調査**／**定性的調査**」と呼ばれる。質的調査は、量的調査と比べて分析方法が確立されていないと批判されることもあるが、量的調査とは異なり、あらかじめ設定した項目以外のデータを集められるという利点がある。また、質的調査には、調査者が立てた仮説では想定されていなかった可能性を、調査の過程において発見しやすいというメリットもある。

しかしながら、量的調査や質的調査は、調査者の問いの立て方や聞き方によっては、結果が誘導されることがあり、調査対象者のプライバシーを侵害したり、立場を危うくしたりする可能性もある。それゆえ、調査者には誠実さや十分な配慮、すなわち「**調査倫理**」が求められるのである。

参考文献

『社会的行為の構造』タルコット・パーソンズ、木鐸社
『社会理論と社会構造』ロバート・マートン、みすず書房
『囚人のジレンマ――フォン・ノイマンとゲームの理論』ウィリアム・パウンドストーン、青土社
『認知的不協和の理論・社会心理学序説』レオン・フェスティンガー、誠信書房
『精神の生態学』グレゴリー・ベイトソン、新思索社
『現実の社会的構成』バーガー、ルックマン、新曜社
『行為と演技―日常生活における自己呈示』アーヴィング・ゴフマン、誠信書房
『社会構築主義のスペクトラム―パースペクティヴの現在と可能性』中河伸俊、北沢毅、土井隆義、ナカニシヤ出版
『エスノメソドロジー――社会学的思考の解体』ハロルド・ガーフィンケル、せりか書房
『社会調査法入門』盛山和夫、有斐閣

第⑩章　理論とモデル②

日常的な行為を可能にするもの

すべての知識は、分離、区画、制限によって生ずる。或る全体的なものの絶対的知識などというものは存在しない！

（ニーチェ『哲学者の書』ちくま学芸文庫ｐ．２９４）

理論とモデル②
091

学問の仕方を考える学問

▼理念型というヴェーバーの方法論

私たちが日々経験していることは、社会のごく一部である。他人より多くの経験を積んだとしてもそうである。多様で複雑な社会を知るためには、私たちの一生は短すぎるのだ。仮に社会全体を経験し得たとしても、人によって好き嫌いが異なるように、社会像は、経験した当人の感じ方（価値評価）に左右されることだろう。

マックス・ヴェーバーは、これを踏まえて、多様で複雑な社会を分析し、理解するための方法論として**理念型**（Idealtypus）を提唱した。彼はこう考えた。学問には、誰が見ても「なるほどそうか」と思える客観性が備わっていることが望まれる。しかし、学問をするのは人間なのだから、どれほど緻密に研究しても、常にすでに研究者の主観がそこには紛れ込んでいる。私たちが不死ではなく、また他人になり代わることもできない以上、これは仕方のないことだ。でもだからこそ、学問をする者はできるだけ自身の価値観に意識的でなければならない。誰も価値的に中立にはなれないのだから、自分がどんな価値観を持っているのかを自問し、それが明示されるよう心がけねばならない。ヴェーバーは、こうした研究者が持つべき倫理

ヴェーバーの理念型とは？

個別化的概念

・近代資本主義　・カルヴィニズム
・中世都市経済　⋮

普遍化的概念

・目的合理的行為　・合法的支配
・価値合理的行為　⋮

（＝姿勢）を「**価値自由**」と呼んだ。

ヴェーバーが提唱した理念型という方法論も、以上のような考えを前提にしている。それゆえ理念型は、研究者の価値判断から離れた対象そのものの模写ではなく、したがってさまざまな物事に即して類似した部分を示す**類型**や、それらを代表する**典型**ではない。理念型は、多様で複雑な社会（歴史的現実）の中から、研究者が自らの価値観を前提に選び取った要素を、論理的に矛盾のないように構成することで成立する一つのモデル、実際には経験し得ない論理的な産物だということができる。ヴェーバーは、論理的な構成物としての理念型と、現実とを対照することによって、直接には見えてこなかった現実の問題点が明瞭になると考えたのである。

ところで、理念型は、直接的に歴史に関わるものと、そうでないものとに区別できる。歴史に関わる理念型としては、〈近代資本主義〉や〈中世都市経済〉〈カルヴィニズム〉など、歴史的な現象や価値理念を**発生的**に捉えたものがある。これらは、個別性を強意するものであることから、「**個別化的概念**」としての理念型という。それに対して、出来事の純粋型を導くために、**発見的**に構成して得られるものを「**普遍化的概念**」としての理念型と呼ぶ。たとえば、行為の純粋型として見出される〈目的合理的行為〉〈価値合理的行為〉〈感情的行為〉〈伝統的行為〉や、支配形態をモデル化した〈合法的支配〉〈伝統的支配〉〈カリスマ的支配〉などが挙げられる。

理論とモデル②
092

意味ない行為なんてない

▼社会的行為

「**行動**」と「**行為**」。日常生活で私たちは、これらをあまり区別しない。しかし人間のさまざまな営みを理解しようとする社会学では、この二つは区別される。ここでは、社会学者**マックス・ヴェーバー**による区別を例を挙げながら説明しよう。

まず行動だが、これは、人間が見かけのうえで何かをしている場合のすべてを指すといってよい。話す、歌う、歩く、走る、寝る、これらはすべて行動である。面白いのは、これが人間が思わずやってしまう生理的反応も含むことで、くしゃみやあくび、タンスの角に小指をぶつけて思わず「イタッ！」と叫ぶのも行動なのだ。

それに対して行為は、明確な意図があって行なわれるものを指す。だから正確には、さきほどの話すとか歌うとかいったことは、それがふいに口をついた独り言や鼻歌だったりでない限り、言い換えれば、自分の意思や能力を表現するという意図を持つものである限り、行為の範疇に属する。また、見かけのうえでは何もしていないようでも、それが意図的な沈黙（たとえば黙祷）だった場合、それは立派な行為になる。要するに、無為も行為なのである。

ヴェーバーの社会的行為とは？

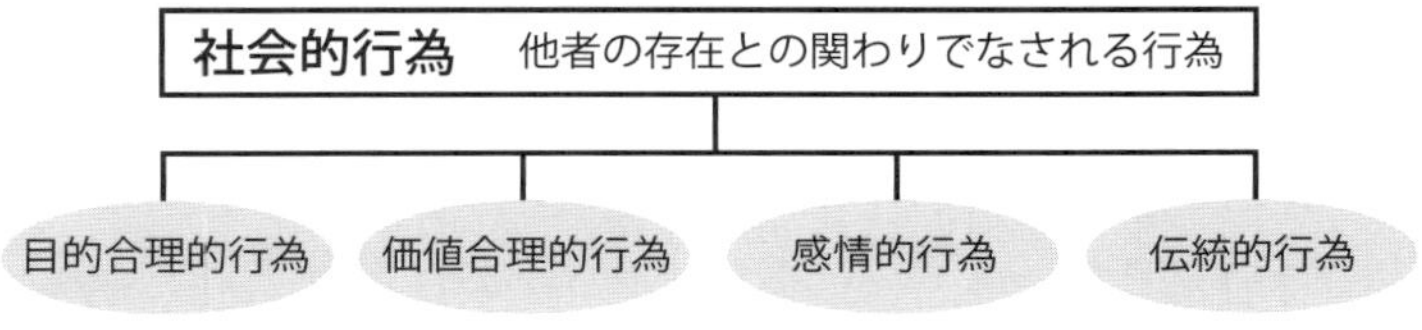

だがヴェーバーはさらにこの行為のなかでも、他者との関係のなかで意味上のつながりをもってなされる行為を「**社会的行為**」と呼んで重要視した。社会的行為には、**目的合理的行為、価値合理的行為、感情的行為、伝統的行為**の四種類がある。

目的合理的行為とは、その名の通り目的に沿って合理的になされる行為のことである。たとえば賃金を得るために働くのは、賃金を得るという目的をもってなされ、かつ働くことがその目的に適っている（合理的である）からこれに当たる。だが、目的合理的行為であるはずの仕事中に、あなたがもし取引先のいい加減さに思わず怒鳴ってしまって取引が白紙になった場合、それは目的に対して非合理的な感情の表出であり、行為は一転して三つ目の感情的行為に分類されることになる。

それよりも二つ目の価値合理的行為のほうが少しイメージしにくいかもしれない。これは、何かのためにというよりも、行為それ自体をすることに価値があるような行為を指している。具体例としては、宗教的な実践を思い浮かべればよいだろう。けれどそれが価値を意識して行なわれているというよりは、もはや単なるルーティンワークになっている場合、それは四つ目の伝統的行為と呼ばれる。

もちろん、現実の社会的行為はこのような類型にすっきりと従うものではないけれど、少なくともこれらは、私たちが日々の営みを理解するのに、一定の見通しを与えてくれる。このような効果をもつ類型をヴェーバー自身は**理念型**と呼んだが、それは社会を見通す社会学的な知の典型といえるだろう。

理論とモデル②
093

一種独特の実在

▼社会的事実

心理学は個人の心理を対象とする。経済学は商品の生産や消費を対象とする。政治学や法学についても、それらが何を研究対象としているのかを思い悩む必要はあまりない。なぜなら、これらの学問は守備範囲が比較的はっきりしているからだ。問題は社会学である。社会学の守備範囲は社会（全般）である、ということはできる。しかしそれだけでは、社会学は、ただ政治学や経済学や心理学を寄せ集めただけのものになってしまう。一体、社会学独自の対象などあるのだろうか。あるいは「社会学的」な説明とはどのようなものなのだろうか。

一九世紀末から二〇世紀初頭にかけての草創期の社会学者のうち、この問いにとりわけ強くこだわったのは、**エミール・デュルケム**であった。彼は、社会学が取り扱う対象は「**社会的事実**」にほかならないとした。それは個々人の意図や心理の問題ではない。そうではなく、それは、集団がもっている信念・慣行・行為の傾向や様式であり（**集合意識**）、個々人の意図や心理に還元することのできない社会的（集合的）な現象である。たとえば宗教、法、言語、人口の配置、交通路といった

社会学の守備範囲は？

ものがそうだ。それらは、個人がつくったというよりも、むしろ個人の外部に存在し、個人の意識のあり方を方向づけてくるような「**一種独特の実在**」として、社会学の対象となるわけである。

こうした社会的事実という概念を中心にすえることを通じて、デュルケムは、個人の意識とは別個に存在し、また個々人には必ずしも意識されないような固有の規則性や傾向を持つものとして社会を見る学問として、社会学を特徴づけようとしたのである（**社会学主義**）。

こうしたデュルケム社会学のスタイルは、その後の人類学や社会学に決定的な影響をおよぼした。**マルセル・モース**の贈与論、**クロード・レヴィ=ストロース**の構造人類学、**モーリス・アルヴァックス**の集合的記憶論、**タルコット・パーソンズ**の社会システム論などは、いずれも個人に還元できない社会的事実=社会（構造）独自の規則性という発想をベースにして展開されてきたものである。同時に、こうした諸議論には、次のような批判が常につきまとってきた。すなわち、それでは人間の意識や行動は社会や構造によって決定されてしまっていることになるのではないか、人間の主体性といったものを軽視することになるのではないか、と。しかしながら、すでにデュルケムが述べていたように、個々人を拘束している「一種独特の実在」の存在とその性質をいさぎよく知ろうとすることによって、はじめて私たちは逆にそれらを改善するきっかけを得ることができるのである。

理論とモデル②
094

新しい方法基準

▼構造化理論

社会学はこれまで、価値観の変容から社会的な実践の変化に至るまで、多岐にわたって近代化と向き合ってきた。それゆえ、社会学の根本は、「**モダニティの研究**」であるということができる。**タルコット・パーソンズ**以降の社会学を牽引してきた社会学者の一人である**アンソニー・ギデンズ**も、「現在の類例のなさ」を浮き彫りにする過去との差異の析出こそが、社会学が取り組むべき課題であるとしている。

また、ギデンズによれば、社会学はそもそも、人々の社会に対する解釈（**実践的社会学**）を再解釈する試み、すなわち「**二重の解釈学**」にほかならない。このようなギデンズの考えは、デュルケムが『社会学的方法の規準』の中で、社会学は「社会を物のように対象化して」論ずる体系だった経験科学であり、社会構成員の主観的な信念や意図の影響を受けるべきではない、と主張したことへの反論ともなっている。ギデンズは『社会学の新しい方法基準』では、社会構成員の主観的な信念や意図は、部分的にではあれ、社会を再生産したり変化させたりする重要な契機であり、したがって社会学は、この契機を無視することはできないというのである。

一口メモ

『社会学の新しい方法基準』 1976年に発刊されたギデンズの著作。社会科学の研究において「二重の解釈学」がもつ意味を明確化し、それとの関連で「再帰性」と「構造化」という理論の骨格となる概念の輪郭を提示。錯綜する思想潮流との建設的対話を通して得られた成果。

ところで、ギデンズによれば、社会の作動の仕方についての知識（実践的社会学）は、私たちの日常的な相互行為の中に埋め込まれているという。それゆえ私たちは、その知識を意識することなく、日常生活を可能とする資源として活用することができている。たとえば私たちは、会話によって意思疎通を図る際には、文法規則を意識せずに用いており、それによって会話を成立させている。ギデンズは、社会規則や文法規則などの諸規則に関する知識を、私たちが無意識的に用いることで、日常生活（**主体的行為**）が可能になり、同時にそうした日常生活によって、社会規則や文法規則などの諸規則（**構造**）が、意図せざる結果として安定的に再生産されるプロセス、これを把握することこそが社会学が取り組むべき課題であると考えているのである。彼は、こうしたプロセスを捉える視座を「**構造化理論**」と呼ぶ。

彼が構造化理論で特に強調しているのは、「主体的行為」には、実質上の秩序である構造に規定されながらも、日常的な諸実践の中に生じる「**モニタリング**」（**反省的契機**）を通じて、構造を、いまあるのとは別様に構造化する能動性が備わっているということである。これらのことは、社会の秩序と、その変動を同時に説明しようとするギデンズの意図にとって、決定的に重要な意味を持っている。なぜなら、「主体的行為」の「前提」であると同時に「結果」でもあるという意味で、「**構造の二重性**」を捉えようとするギデンズの視座は、私たちが単に構造に縛られた存在ではなく、歴史形成の主体であることを改めて提示するものだからである。

社会学に社会は見えているか

▼構造機能主義／中範囲の理論

社会は全体としてどのようなしくみになっているのか。社会には、たとえば政治、経済、法、宗教、といったものがある。しかし、それらの関係はどうなっているのか。二〇世紀の前半までは、社会全体を丸ごと説明し得る科学的な視点としては、マルクス主義が有力視されていた。それは、経済（＝資本主義）のあり方が、政治や宗教や人間関係のあり方等々を規定している、という見方（**下部構造決定論**）であった。しかし、二〇世紀半ば以後、マルクス主義の想定に反して、資本主義の展開によって（先進諸国の）社会はますます豊かになり、次第にマルクス主義とは趣の異なる新たな全体的視点が模索されるようになっていった。

そうした時代状況の中で、社会全体の成り立ちを視野に収めることにこだわった社会学者の代表格が、アメリカの**タルコット・パーソンズ**であった。彼は、まず社会の「構造」がどのようなものかをあらかじめ仮定し、その構造に対して諸々の社会現象がどのような「機能」（作用）をもっているか、という観点から社会を分析しようとした（**構造機能主義**）。そこには、全体としての社会が、あるバランス

社会全体にアプローチする仕方は？

人名	理論
マルクス	下部構造決定論
パーソンズ	構造機能主義
マートン	中範囲の理論

（均衡）を保ちつつ存続しえているのはどのようにしてか、その条件は何か、という問いがある。

パーソンズが活躍した時代は、社会がますます豊かになると同時に、社会の諸々の歪みが表面化し、道徳や価値観も（善くも悪くも）揺らいだ時代であった。そうした中で彼の構造機能主義は、社会の中で比較的変わりにくいものは何か、変わってはならないものは何か、社会が崩壊することなく存続するために必要なものは何か、そしてまた、どのような条件のもとで社会は変容していくのか、という観点から社会を捉えようとしたのであった。

しかし、社会全体を視野に収めようとするパーソンズの理論体系に対して、それは抽象的すぎて、社会の実像が見えていない、との批判もなされた。そこで、**ロバート・マートン**は、構造機能主義のような包括的な理論と、具体的な調査研究とを架橋する「**中範囲の理論**」を提唱した。それは、広すぎず狭すぎもしない中間的なレベルにおける諸理論、抽象的ではない実用的な諸理論である。しかし、そうした中範囲の諸理論も、バラバラにそれぞれが完結していては、やはり社会は見えてこない、とマートンはいう。すなわち、中範囲の諸理論もまた、より一般的な理論や命題への統合を念頭に置く限りにおいて、そしてまた全体としての社会の認識へと向かう意志を持つ限りにおいて、真にすぐれた認識（研究成果）を期待できるのである。

理論とモデル②
096

社会存続の条件

▼AGIL図式

社会が社会の形をとるためには何が必要か。社会が維持されるために決定的に重要なものとは何か。仮にそれを一つだけ挙げるとすると、何がもっとも重要とされるべきであろうか。たとえば、経済が重要であるのは間違いない。しかし、政治もまた同じくらい重要であるように思われる。あるいはまた、文化こそがもっとも重要なのかもしれない。一体、社会が社会として存続するために重要なことを一つに絞ることはできるのか。あるいは、それが複数あるとすれば、それは何と何か。

アメリカの社会学者**タルコット・パーソンズ**は、社会が社会として存続するためには、四つの条件が満たされねばならない、と主張した。すなわち、社会システムは四つのサブシステムから成り、それぞれが社会システムを維持するために必須の機能を担っている、というわけである。彼はこれを、各機能の頭文字をとって「**AGIL図式**」として提示した。Aは、社会システムの外部環境への「適応(Adaptation)」である。たとえば、自然環境から資源を得て最大限に利用すること、つまり経済である。Gは「目標充足(Goal Gratification)」であり、社会にとって

AGIL図式とは？

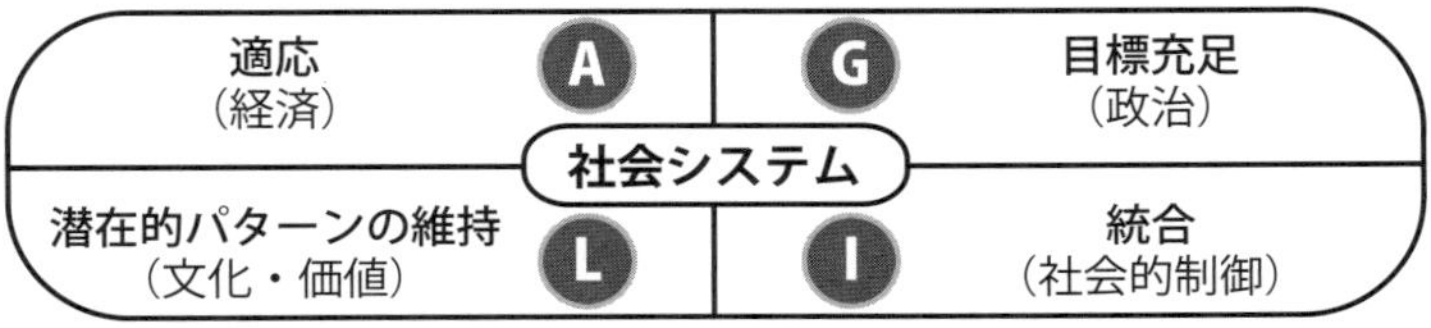

必要なことを達成するために富や忠誠心を動員すること、つまり政治である。Ｉは、社会の「統合（Integration）」であり、個々人の逸脱的な行動をくい止める社会的な制御である。Ｌは、「潜在的パターンの維持（Latent Pattern-Maintenance）」、つまり上記のような諸々を可能にさせる、そもそもの動機づけを与える文化・価値である。パーソンズによると、これら四つのサブシステムが相互に関係し合いながら各々の機能を果たすことによって、はじめて社会システムが維持されるのであり、どれが欠けても社会は存続できないのである。

さらに、これらＡ・Ｇ・Ｉ・Ｌの各サブシステムは、単に横並びに関係し合っているわけではない。パーソンズは、Ａ・Ｇ・Ｉ・Ｌの間の関係を、制御・被制御の関係として描いた。すなわち、情報量が多いところ（文化）から情報量が少ないところ（経済）に向かって、Ｌ→Ｉ→Ｇ→Ａという制御が働き、逆にＡ→Ｇ→Ｉ→Ｌという向きでは諸々の制限（条件）づけが働いている、というわけである（**サイバネティック・コントロール**）。

こうした見方によってパーソンズは、経済や物質的な諸条件、あるいは政治的な意思決定が社会のあり方に大きな影響を及ぼすことを認めつつ、それと矛盾しない形で、社会にとってはやはり文化や価値が極めて重要なのだということを示そうとした。それは、社会の大変動によって社会的モラルが「危機」に瀕した二〇世紀のアメリカ社会に対する、パーソンズの回答なのである。

理論とモデル②
097

中心なき世界

▼機能分化

近代社会は、原始的な社会や中世の社会と同じではない。では、どのように異なるのか。科学・技術の発展の程度だろうか。あるいは経済的・物質的な豊かさの違いだろうか。確かに、近代社会は前近代社会とは比較にならないほどの高度な科学・技術や、物質的な豊かさを有している。しかし、それらは、むしろ近代社会がもたらした結果であって、近代社会を前近代的な社会から根本的に区別する指標にはならない。それでは、近代社会と前近代的な社会とが根本的に違うのはどういう点においてであろうか。

ドイツの社会学者**ニクラス・ルーマン**によると、近代社会とそれ以前の社会との決定的な違いは、近代社会には「中心」も「頂点」も存在しない、ということである。かつては頂点と中心が存在した。つまり、王や貴族が社会の頂点であり、神が世界の中心であった。もちろん、現在でも王や貴族は存在するし、宗教も存在する。しかし、それらはもはや、かつてのように社会を統括しうるピラミッドの頂点や中心として存在するのではない。近代社会はピラミッド状にはなっていない、あるい

機能分化とは？

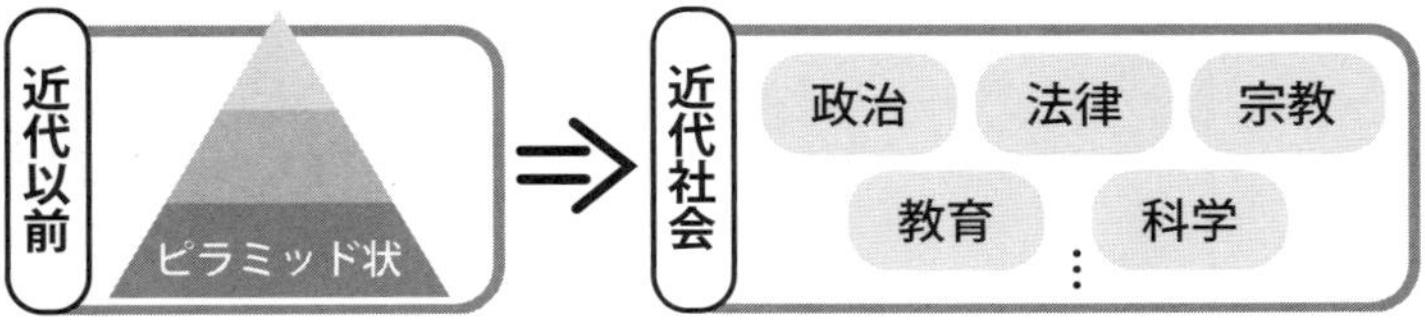

は、中心をもつ円のようになっているわけでもないのである。そうではなく、近代社会は、政治、法、宗教、教育、科学といった諸領域（**機能システム**）へと分化（**機能分化**）しているのである。

ルーマンによると、政治、法、宗教、教育、科学等々の各機能システムは、それぞれ自らの論理にしたがって作動しつつ、それぞれ特殊な機能を果たしている（**自己準拠的システム**）。つまり、政治には政治独自の論理があり、法には法独自の論理があり、宗教には宗教独自の論理があるのであって、それらは互いに代替不可能である。それゆえに、ある一つの機能システムが他の機能システムを兼ねたり包み込んで統括したりすることはない。つまりは、中心も頂点も存在しない、というわけである。

この機能分化という近代社会の特徴が、近代社会に生じる諸々の事態のあり方を根本的に規定している。

たとえば、近代社会における科学・技術の進展や経済的な豊かさといったものも、機能システムが、より大きな自由を得て、生産性を向上させたことを背景としている。あるいは、それによって生じた問題（たとえばエコロジー問題）に対しても、各機能システムが、それぞれの仕方で対処することになる。あるいはまた、機能分化とそれに伴う社会の複雑化は、私たちの日常的なコミュニケーションやアイデンティティのあり方にまで影響を及ぼしているのである。

理論とモデル②
098

啓蒙を問い直す

▼社会学的啓蒙

学問が古くから引き受けてきた問いの一つに、「人間としてより善く生きるにはどうすればよいのか」という問いがある。この問いに対する一つの伝統的な回答は、「より真理に近づくべし」というものであった。そして人々を真理に近づける営みが**啓蒙**と呼ばれてきた。迷信に囚われたり、誤解や無知に基づいて行動したりしないようにせよ、世界の道理や法則を理解し、合理的に判断せよ、というわけだ。こうした理性による啓蒙の営み（**理性的啓蒙**）においては、「真理は一つ」であって、現時点でわからないことでも、理性によっていずれは解明され、全体としてより完全な真理に近づいていくだろう、と考えられていた。

しかし、ドイツの社会学者**ニクラス・ルーマン**は、こうした伝統的な理性的啓蒙のプログラムに異議を申し立て、従来の啓蒙を「**社会学的啓蒙**」に取り換えようと提案した。というのも、伝統的な啓蒙の営みにおける「真理は一つ」という前提が、今日の社会では成立しがたいからだ。つまり、近代化の進展に伴って社会がますます複雑になり、事柄を解釈する仕方やコミュニケーションの文脈が多様になってき

啓蒙とは何か？

たことによって、伝統的な啓蒙のプログラムが標榜してきた単一の「真理」もまた、ある特定の文脈に依存したものにほかならないことが明らかになってきたのである。要するに、従来の啓蒙のプログラムは、かつてほどの説得力（正統性）を持ち得なくなったのである。社会学的啓蒙とは、そうした状況を踏まえつつ、その営みの場＝社会的文脈を自覚的に限定した上で、その文脈に即した真理を語ろうとするものだといえる。つまり社会学的啓蒙は、「もし○○ならば、△△である」というふうに、条件を付けたうえで真理を語ろうとする啓蒙のプログラムなのである。

こうして社会学的啓蒙は、従来の啓蒙のように単一の真理や社会全体を理性によって徐々に明らかにしていこうとするものではない。社会学的啓蒙にとって真実は一つではないし、世界のすべてを把握することや真理を完成させることを目指してもいない。それでは、社会学的啓蒙は、いくつもの部分的な真理を提案するに過ぎないものであろうか。

そうではない。社会学的啓蒙は、自らの言明も、ある条件（文脈）に依存していることを自覚しつつ限定的な〈真理〉を開示する不断の営みを通じて、自らを含む社会の全体像（**全体性**）へと接近していくことができる。ただし、それが「完成」に至ることはない。というのも、社会学的啓蒙は、客観的に存在している真理や法則を発見していく作業の積み重ねなのではなく、自らの意志で見出した問題に即して幾重にも社会を記述していく作業の積み重ねだからである。

話せばわかる

▼コミュニケーション的行為

効率や能率を重視し、徹底的に無駄を排除して何事も合理的に行なうこと。こうした要請を、学校でも会社でも、あるいは家庭でも幾度となく聞かされてきたのではないだろうか。かつてマックス・ヴェーバーは、近代社会の最も際立った特徴は**合理性**の追求にあると考えたが、後期近代といわれる現在でも、合理性の追求は止まるところを知らないようだ。本来、合理性という言葉は、文字通り「理に適（合）っている」という意味で、道徳的な望ましさや規範的な正しさに見合っている、ということが含意されているのだが、いまでは無駄のない計画性であるとか、計算可能性といった側面ばかりが強調されている。なぜなのだろうか。

この問いに、ドイツの社会学者である**ユルゲン・ハーバーマス**は、次のように答えている。それは私たちが伝統や習慣よりも、科学的・技術的な根拠に基づいた選択を重視するようになり、話し手と聞き手が出会い了解し合う営み（**相互行為**）を軽視するようになったからだ、と。それに伴い、私たちはいつの間にか自分たちを単独の行為者として考えるようになり、権力や貨幣といった何かの力によって他者

一口メモ

ユルゲン・ハーバーマス（Jürgen Habermas　1929～）　ドイツの哲学者、社会学者。フランクフルト学派第２世代の代表的人物。ホルクハイマーやアドルノら第１世代の近代理性批判を批判的に乗り越えて、日常的コミュニケーションが持つ合理性に可能性を模索し、批判的社会理論を刷新した。

の意思決定に影響を与え、自分の都合のいいようにコントロールすることばかりに腐心するようになってしまった。ハーバーマスはこう考えているのである。

それゆえハーバーマスは、他者に権力や貨幣を介して影響を与えようとする行為を「**戦略的行為**」、それに対して、自分が表明する考えや意思を言語的なコミュニケーションを通じて相手に伝え、了解や承認を求める行為を「**コミュニケーション的行為**」と呼んで、二つを区別して考えるように提案している。

ヴェーバーや、ハーバーマスの師匠でもある**テオドール・W・アドルノ**らは、人々の自己中心的な傾向を近代の宿命であるとか、人間理性の宿痾《しゅくあ》であるとしたが、ハーバーマスは「道理に適う」という意味での合理性を、コミュニケーション的行為に見出すことで、ヴェーバーやアドルノらのペシミズムを退けて、私たちが再び互酬的な関係へと開かれる道を提示しようとしているのである。

単独の行為者というモデルではなく、相互行為をする複数の行為者たちというモデルから出発するハーバーマスの観点からすれば、ヴェーバーやアドルノらが見て取った災厄の歴史は、歪められたコミュニケーションの歴史ということになる。したがって、コミュニケーションを健全化し、コミュニケーション的行為が阻害されない社会を築いていくこと、これが何よりも重要な課題とされるのである。こうした姿勢はまた、「真理などない」「何でもありだ」と考えるポストモダン思想に対して、「合意されるかぎりでの真理」を積極的に擁護することにもなるのである。

理論とモデル②
100

貨幣と権力の時代

▼システムと生活世界

地獄で受ける裁判も金を出せば有利になるというくらいだから、ましてこの世では、金さえあれば何事も思うがまま——地獄の沙汰も金次第とは、こういう意味だ。愛や命はお金では買えないといったところで、愛だけでは食べては行けず、お金がなければ延命もできないのが現実である。

私たちの社会は、いまやすっぽりと経済に包囲されているのに、それを支持できないでいるのは、かつては経済のほうが社会の一部だったからである。社会の一部に過ぎなかった経済の論理が、社会全体を覆うようになるにつれて、長い間社会生活の秩序を支えてきたさまざまな規範が、次第に掘り崩されてきている。こうした感覚が、拝金主義をことさら卑しく見せている。

ところで、ドイツの社会学者**ユルゲン・ハーバーマス**は、こうした感覚を「**システムによる生活世界の植民地化**」と表現している。どういうことだろうか。ハーバーマスによると、社会はいくつかの仕方で秩序付けられてきた。たとえば、神や伝統が世界全体を説明する究極の根拠（**統一原理**）として自明視された段階では、教

システムによる生活世界の植民地化とは？

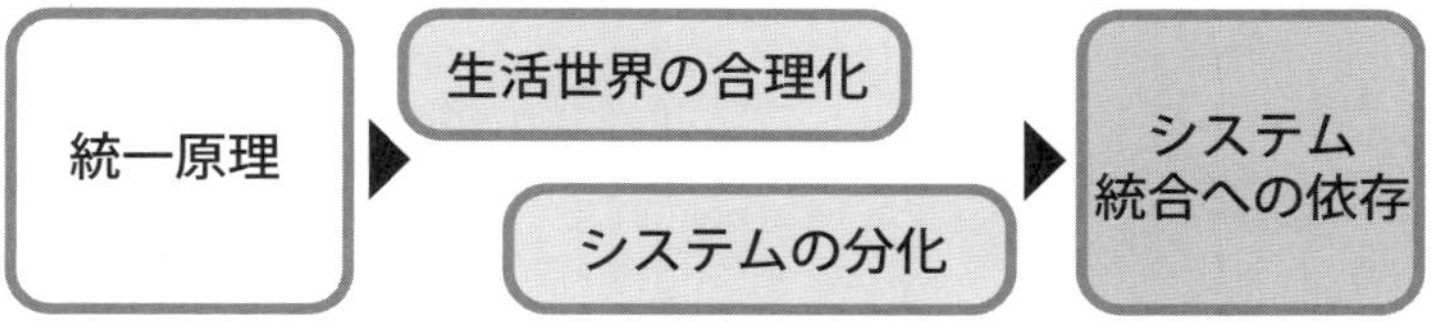

義や哲学が人々の行為を秩序付け、社会の一体性を保証する役割を果たした。ところが、近代科学が成立し究極の根拠が自明性を失うと、社会秩序は、行為の正当性を主張し合う人々の対話的実践により調達されるようになる（**生活世界の合理化**）。つまり、**合意**が必要になったのだ。しかし、社会的な相互行為のすべてが対話を通じてしか正当化されないのでは、秩序維持にコストが掛かり過ぎる。たとえば、買い物をするにもその都度価格交渉するのでは、日常生活に支障が出てしまう。そこで、信用や正当性を先取りする、貨幣や権力などの非言語的な媒体を介した相互行為の領域（**システム**）が、言語を介した相互行為の領域（生活世界）から分化する。つまり、市場経済や国家の誕生である。ところが、システムが誕生し、システムが供給する**役割関係**が社会生活の基礎を成すようになると、そこでの役割関係が、いままでの**人格的関係**に取って替わり、対話的実践は役割関係を上滑りするものとなっていく。そうなると、これまで社会的な諸規範を身に付ける（社会化の）場であった生活世界は、次第にその再生産能力を失って、生活世界の諸規範によって社会秩序を維持すること（**社会統合**）ができなくなる。言い換えれば、人々はますます貨幣や権力の調整能力（**システム統合**）に依存するようになるわけである。システムによる生活世界の植民地化とは、こうした事態を指しているのだ。

インターネットなどの情報システムが対話的実践を復活させる時代が来た、という者もいるが、匿名で言い合う機会をお金で買える時代が来たというべきだろう。

参考文献

『社会科学と社会政策にかかわる認識の「客観性」』マックス・ヴェーバー、岩波文庫
『理解社会学のカテゴリー』マックス・ウェーバー、岩波文庫
『社会学的方法の規準』エミール・デュルケーム、岩波文庫
『社会理論の最前線』アンソニー・ギデンズ、ハーベスト社
『行為の総合理論をめざして』タルコット・パーソンズ、E・A・シルス、日本評論社
『政治と社会構造（上・下）』タルコット・パーソンズ、誠信書房
『システム理論入門―ニクラス・ルーマン講義録』ニクラス・ルーマン、新泉社
『ニクラス・ルーマン論文集1、2、3』ニクラス・ルーマン、新泉社
『コミュニケイション的行為の理論（上・中・下）』ユルゲン・ハーバーマス、未來社
『晩期資本主義における正統化の諸問題』ユルゲン・ハーバーマス、岩波書店

あとがき

本書は、社会学の重要キーワードをできるだけわかりやすく、そして短く見開き二ページの中で説明することにこだわってつくられている。見開き二ページという限られた紙面の中で、一つのキーワードを余すところなく説明するとなると、専門用語を専門用語によって説明しなければならなくなる。しかし、それでは初学者の役には立たない。かといって丁寧に長大に書いても、一つひとつを読みこなすのに時間がかかり、やはり扱いにくい解説書になってしまう。そこで、思案に思案を重ね、思い切って枝葉を切り落として、幹となる部分が何であるのか、まずは読者がそれを少しでもつかめるように、大胆なまでに概説することにした。

また、社会学はどのような研究を積み重ねてきたのか、その雰囲気だけでも伝えたいとの思いから、古典から近年の議論に至るまで、一〇のテーマの中から、一〇のキーワードを選出することにした。それゆえ、本書は簡易な辞書としても活用できる構成となっている。しかしながら、たとえば国語辞典で「言葉」を調べるのとは違い、「概念」は一つひとつが独立してあるのではなく、他の概念とも複雑に関係し合っているものなので、一つのキーワードに終始せずに、周辺にもぜひ目を凝らしてもらいたい。社会学は、他の学問と同様に、過去から未来へと裾野を広げる森であるから、幹の輪郭を示すに過ぎない一つの概説で満足してしまっては、まさに木を見て森を見ないことになってしまう。それでは社会学の真髄から遠のくばかりである。

社会学は、人は誰しもみな、複数の人々からなる社会に生まれてくるという事実と向き合ってきたのだから、社会学を「本当にわかる」ためには、近視眼になってはいけないのである。このことは何も、社会学を隅々まで知り尽くさねばならないだとか、他の学問までも広く学ばねばならないということを必ずしも意味しない。そうではなく、社会学が「本当にわかる」ということは、社会学は「社会」という曖昧模糊としたものを知るためのさまざまな手段である、と理解することにほかならない。要するに、「社会」を見ずに、「社会学」ばかりをいくら眺めてもダメなのである。その意味では、本書に挙げたキーワードはどれも、私たち自身の手で、時代の試練に掛けられねばならない。私たちの生きる社会をどの程度説明できているか、説明できない部分は何であるか、と問われねばならないのである。その意味では、社会学は単なる知識の集大成なのではなく、私たち個々人が社会と向き合う実践の中に宿るものなのである。本書はそれを発見するためのささやかなガイドである。

堀内　進之介

二〇一〇年四月

さくいん

【ABC】

AGIL図式 ……220
EU ……167
me ……46
NGO ……167
QCサークル ……71

【あ】

アーキテクチャ ……113
アーリ、ジョン ……170
アイデンティティ（自己同一性）……30
アイデンティティ・クライシス……30
アウラの喪失 ……138
アクティヴな市民社会……183
アグリエッタ、ミシェル……68
アソシエーション ……80
新しい個人主義 ……183
新しい社会運動 ……117
アドルノ、テオドール・W ……105,139,153,227
アノミー ……27
アノミー的（無規制的）……25
アノミー的自殺 ……26
アメリカナイゼーション……167
アリエス、フィリップ……42
アルヴァックス、モーリス ……148,215
有賀喜左衛門 ……35
アレント、ハンナ ……60
アンダーソン、ベネディクト ……178
アンチモダン ……156

【い】

生きている歴史 ……149
意思決定 ……118
異性愛主義 ……41
一種独特の実在 ……215
逸脱 ……89
一般化された他者 ……47
一般的な他者 ……45
イデオロギー ……146
意図せざる帰結 ……191
違背実験 ……204
異邦人 ……135
意味 ……73
意味学派 ……199
イリイチ、イヴァン ……52,64
印象管理 ……200
インタビュー ……207
インナーシティ ……79
インフラストラクチャー的権力 ……181

【う】

ヴァナキュラーな活動……65
ヴェーバー、マックス ……12,34,58,75,100,102,154,180,210,212
ウォーラーステイン、イマニュエル ……172

【え】

液体的近代 ……159
エスニシティ ……132
エスニック・グループ……132
エスノメソドロジー ……205
エリクソン、エリク ……30
エルダー、グレン ……39
演劇論的アプローチ ……200

【お】

大きな物語の終焉 ……157
オクシデンタリズム ……177
オリエンタリズム ……177

【か】

ガーフィンケル、ハロルド ……204
階級闘争 ……56
外集団 ……21
カイヨワ、ロジェ ……123
会話分析 ……205
科学的管理法 ……69
核家族 ……36
核家族普遍説 ……36
拡大再生産 ……59
家産官僚制 ……102
価値合理的行為 ……213
価値自由 ……211
学校化 ……52
学校化社会 ……53
活動 ……61
下部構造決定論 ……218
家父長的家族 ……34
神の召命（天職）……60
神の見えざる手 ……68
カリスマ的支配 ……101
カリスマの日常化 ……101
カルヴァン、ジャン ……58
観光のまなざし ……170
監視社会 ……94
慣習化 ……203
感情規則 ……67
感情的行為 ……213
感情労働 ……66
環節的社会 ……24
管理 ……95
管理社会 ……92
官僚制 ……101,102
官僚制の逆機能 ……103

【き】

機械的連帯 ……24
規格 ……74
規格化 ……75
記号 ……73
疑似イベント ……115
議題設定権力 ……115
期待の相補性 ……189
喜多野清一 ……34
キツセ、J・I ……203
ギデンズ、アンソニー ……160,180,182,216
機能 ……62,127
機能システム ……223
機能主義 ……127
機能分化 ……223
規範的準拠集団 ……19
客我（me）……45
客観的現実 ……203
共 ……185
教育的機能 ……36
教育の学校化 ……52
共生 ……65
競争的調整様式 ……69

規律訓練・・・・・・・・・・・・・・・92
規律社会・・・・・・・・・・・・・・・92
儀礼的無関心・・・・・・・・・・・86
近代家族・・・・・・・・・・・・34,37
近代官僚制・・・・・・・・・・・・102
近代資本主義・・・・・・・・・・・56
近代の鉄の檻・・・・・・・・・・・59
緊密化・・・・・・・・・・・・・・・181

【く】

クレイム申立て・・・・・・・・203
クレオール・ナショナリズム・・・・・・・・・・・・・・・・・・・・・・179
グローバリゼーション・166,168
グローバルシティ・・・・・・168
群集・・・・・・・・・・・・・・・・・・17

【け】

経営家族主義・・・・・・・・・・・23
経済決定論・・・・・・・・・・・・・57
経済資本・・・・・・・・・・・・・・82
経済的機能・・・・・・・・・・・・36
計算可能性・・・・・・・・・・・・75
芸術の政治化・・・・・・・・・・139
形成意志・・・・・・・・・・・・・・22
ケイパビリティ・・・・・・・・・62
啓蒙・・・・・・・・・・・・・・・・224
啓蒙運動・・・・・・・・・・・・・152
ケインズ、ジョン・メイナード・・・・・・・・・・・・・・・・・・・68
ゲーム理論・・・・・・・・・・・・192
ゲゼルシャフト・・・・・・・・・22
結合・・・・・・・・・・・・・・・・・・14
結節機関・・・・・・・・・・・・・・78
ゲマインシャフト・・・・・・・23
ゲルナー、アーネスト・・・178
権威主義的パーソナリティ・・・・・・・・・・・・・・・・・・・・・・105
現在主義・・・・・・・・・・・・・149
顕在的機能・・・・・・・・・・・・91
現実認識・・・・・・・・・・・・・203
現象学的社会学・・・・・・・・199
検定・・・・・・・・・・・・・・・・207
権力・・・・・・・・・・・・・・・・106
言論の自由・・・・・・・・・・・114

【こ】

行為・・・・・・・・・・・・・・・・212
合意・・・・・・・・・・・・・・・・229
行為的（直接的）暴力・・・174
郊外化・・・・・・・・・・・・・・・79
講座派・・・・・・・・・・・・・・144
公衆・・・・・・・・・・・・・・13,17
構造・・・・・・・・・・・・・・・・217
構造化理論・・・・・・・・・・・217
構造機能主義・・・・・・199,218
構造主義・・・・・・・・・・・・・129
構造的（間接的）暴力・・・174
構造の二重性・・・・・・・・・・217
公定ナショナリズム・・・・179
行動・・・・・・・・・・・・・・・・212
合法的支配・・・・・・・・・・・100
合理化の非合理性・・・・・・・75
合理性・・・・・・・・・・・・・・226
効率性・・・・・・・・・・・・・・・75
コーホート分析・・・・・・・・・39
コールマン、ジェームス・・83
国際化・・・・・・・・・・・・・・166
国際分業・・・・・・・・・・・・・172
互酬性の規範・・・・・・・・・・83
個人・・・・・・・・・・・・・・・・・93
個人主義の衰退・・・・・・・・・17
個人と社会の葛藤・・・・・・・15
固体的近代・・・・・・・・・・・159
国家帰属化・・・・・・・・・・・181
孤独な群集・・・・・・・・・・・・28
『〈子供〉の誕生』・・・・・・・・42
ゴフマン、アーヴィング・・・・・・・・・・・・・・・・86,88,200
個別化的概念・・・・・・・・・・211
コミュニケーション的行為・・・・・・・・・・・・・・・・・・・・・・227
コミュニティ・・・・・・・・・・・80

【さ】

差異・・・・・・・・・・・・・・・・・73
サイード、エドワード・・・176
再帰性・・・・・・・・・・・160,171
財的資本・・・・・・・・・・・・・・83
サイバネティック・コントロール・・・・・・・・・・・・・・・・・221
再魔術化・・・・・・・・・・・・・155
サッセン、サスキア・・・・168
サブジェクト（主体）・・・109
三者関係・・・・・・・・・・・・・・14
サンプル・・・・・・・・・・・・・206
参与観察・・・・・・・・・・・・・207

【し】

ジェンダー・・・・・・・・・・・・40
ジェンダーフリー・・・・・・・41
シカゴ・モノグラフ・・・・・84
シカゴ学派社会学・・・・・・・84
自己準拠システム・・・・・・223
仕事・・・・・・・・・・・・・・・・・61
自己保存・・・・・・・・・・・・・153
自己本位的自殺・・・・・・・・・26
『自殺論』・・・・・・・・・・・・・・26
システム・・・・・・・・・・・・・229
システム統合・・・・・・・・・229
システムによる生活世界の植民地化・・・・・・・・・・・・・・・228
自然意志・・・・・・・・・・・・・・22
実験室としての都市・・・・・85
実践的社会学・・・・・・・・・・216
質的調査・・・・・・・・・・・・・207
史的アプローチ・・・・・・・173
私的所有権・・・・・・・・・・・・60
史的唯物論・・・・・・・・・・・・57
支配・・・・・・・・・・・・・・・・107
資本・・・・・・・・・・・・・・・・・56
資本主義の精神・・・・・・・・・58
資本の自己増殖・・・・・・56,59
市民革命・・・・・・・・・・・・・145
市民社会の解体・・・・・・・・・17
市民宗教・・・・・・・・・・・・・137
市民的無関心・・・・・・・・・・・86
社会化・・・・・・・・・・48,50,189
社会解体・・・・・・・・・・・・・・85
社会化過剰的人間観・・・・・49
社会学主義・・・・・・・・・・・215
社会学的啓蒙・・・・・・・・・・224
社会関係資本・・・・・・・・82,83
社会構成体・・・・・・・・・・・・57
社会構築主義・・・・・・・・・・203
社会実在論・・・・・・・・・・・・13
社会調査・・・・・・・・・・・・・206
社会的行為・・・・・・・・・12,212

社会的構築物 …………40
社会的事実 ……24,27,214
社会的相互行為 ………86
社会的文化的性差 ……40
社会的分業 …………24
社会的領域 …………61
社会統合 …………229
社会投資国家 ………183
社会病理 …………203
社会民主主義 ………182
社会問題の構築主義 ……203
社会唯名論 …………12
ジャストインタイム・システム …………71
シャドウ・ワーカーズ……65
シャドウ・ワーク ……65
収檻 …………181
集合意識 …………214
集合的記憶 …………149
囚人のジレンマ ………193
従属理論 …………173
集団本位的自殺 ………26
自由な活動の空間 ……139
自由に浮動するインテリゲンチャ …………147
周辺 ………173,176
重要な他者 …………44
主我（I） …………45
宿命的自殺 …………26
主体的行為 …………217
シュッツ、アフルレッド…199
出版資本主義 ………179
主導産品 …………173
使用価値 …………72
状況の定義 …………200
消極的平和 …………175
常識 …………203
承認 …………31
消費社会 …………73
上部構造 …………57
所属集団 …………18
人格的関係 …………229
進化論 …………126
人権 …………118
新自由主義 …………182
人生の意味 …………117
深層演技 …………66
身体化された歴史 ……51
身体の消失 …………95
人的資本 …………83
心的相互作用 ………85
ジンメル、ゲオルク …………14,85,135
信頼 …………83

【す】

スコット、ジョーン・W…41
鈴木栄太郎 …………78
スティグマ …………88
ストーンクィスト、E・V. 135
スペクター、M・B ……203
スミス、アダム ………68

【せ】

生活世界 …………159
生活世界の合理化 ……229
生活の質 …………117
生産関係 …………56
生産様式 …………56
生産力 …………56
政治的代表権 ………181
生殖的機能 …………36
性的機能 …………36
正統支配 …………100
制度化 …………203
聖と俗 …………122
制度的諸形態 ………69
生物学的性差 ………40
性別役割分業 ………37
世界システム ………173
世界システム論 ………172
世俗内禁欲 …………58
世帯 …………36
積極的平和 …………175
セックス …………40
セン、アマルティア ……62
潜在的機能 …………91
潜在能力 …………62
全数調査 …………206
全体主義 …………119
全体性 …………225
選択意志 …………22
戦略的行為 …………227
戦略的なゲーム ………107

【そ】

相関主義 …………147
想像の共同体 ………179
創発特性 …………45
ソーシャル・キャピタル…82
ソーシャルパワー ……181
ソリッドモダニティ ……159
ソローキン、ピティリム・A …………78

【た】

ダーレンドルフ、ラフル…49
第一次ハビトゥス ………51
退行的契機への反省 ……153
第三の道 …………182
大衆 …………17
大衆操作 …………16
第四の階級 …………115
第四の権力 …………114
卓越性 …………119
多形性的な結晶 ………180
多国籍企業 …………166
脱中心的 …………184
脱人間化（制御） ………75
脱魔術化 …………154
脱領土的 …………184
他人（外部）指向型 ……28
ダブル・コンティンジェンシー …………188
ダブルバインド ………196
多文化主義 …………133
タルド、ガブリエル 13,17,48
談話分析 …………205

【ち】

蓄積体制 …………69
知識社会学 …………147
秩序問題 …………188
中核 …………173
中心 …………176
中範囲の理論 ………219
調査倫理 …………207
調整様式 …………69

【つ】
創られた伝統 151

【て】
帝国 184
ディシプリン（規律訓練）109
定性的調査 207
定量的調査 207
鉄の檻 101
デュルケム、エミール 13,24,26,48,90,122,127,214
典型 211
展示的価値 139
天職 58
伝統指向型 29
伝統的行為 213
伝統的支配 100
テンニース、フェルディナント 22
伝播論 126

【と】
統一原理 229
闘技関係 119
討議的（審議的）民主主義 118
闘技的民主主義 119
道具的理性 153
同心円地帯論 79
道徳的連帯 24
ドゥルーズ、ジル 92
独占的調整様式 69
都市 78
土台（下部構造） 57
ドラマトゥルギカル・アプローチ 200

【な】
内集団 20
内部指向型 29
ナショナリズム 178
南北問題 166

【に】
肉体的差異に意味付与する知 41
二重の解釈学 216
日本資本主義論争 144
人間の拡張 141
人間の条件 61
人間の理性 153

【ね】
ネグリ、アントニオ 184
ネットワーク 83

【の】
ノイズからの秩序 189
ノイマン、ジョン・フォン 192
野呂栄太郎 145

【は】
バーガー、ピーター・L 202
パーキンソン、シリル・ノースコート 103
パーク、ロバート 85,134
バージェス、アーネスト 79,85
パーソンズ、タルコット 49,188,204,215,216,218,220
ハート、マイケル 184
ハーバーマス、ユルゲン 226,228
バーマン、モリス 155
バーンアウト 67
バイオ・パワー（生-権力） 110
バイオ・ポリティクス（生政治） 111
排除型社会 96
配慮 95
バウマン、ジーグムント 159
発見的 211
発生的 211
パットナム、ロバート 83
バトラー、ジュディス 41
パノプティコン 108
ハビトゥス 50
半周辺 173
反省的契機 217

【ひ】
ピアジェ、ジャン 49
比較的準拠集団 18
比較優位説 172
非人格的 103
表層演技 66
標本 206

【ふ】
ブーアスティン、ダニエル・J 115
フーコー、ミシェル 106,108,110
フェスティンガー、レオン 194
フェミニズム 40
フォーディズム 70
フォード・システム 70
フォード主義的蓄積体制 69
フォード、ヘンリー 70
物質的資本 83
物象化 57
不等価交換 173
普遍化的概念 211
ブルデュー、ピエール 50,82
フレキシブル 71
プレビッシュ、ラウール 173
フロム、エーリッヒ 104
文化資本 82
分割 93
文化帝国主義 167
紛争的合意 119
紛争理論 49
分離 14

【へ】
ベイトソン、グレゴリー 196
ベッカー、ハワード・S 89
ベック、ウルリヒ 162
ベラー、ロバート 136
ベル、ダニエル 156
ベンサム、ジェレミー 108
ベンヤミン、ヴァルター 138

【ほ】
包摂型社会 97

報道の自由 ･･････････････114
方法論的個人主義 ･･････････12
方法論的集団主義 ･･････････12
ボーヴォワール、シモーヌ・ド･････････････････････41
ボードリヤール、ジャン･･73
母集団･････････････････206
ポストフォーディズム････70
ポストモダニズム ･･････157
ポストモダニティ ･･････157
ホックシールド、アリー･･66
ホッブズ、トマス ･･････188
ホブズボーム、エリック･151
ホモ・ソシオロジクス････49
ホルクハイマー、マックス･････････････････････153
ボワイエ、ロベール ･････68
本質意志 ･･･････････････22

【ま】
マージナルマン ････････134
マードック、ジョージ・ピーター･･････････････････36
マートン、ロバート････････････91,103,190,219
マクドナルド化 ･････････75
マクルーハン、マーシャル･････････････････････140
マスメディア ･･････････114
マッキーヴァー、R・M･･80
マリノフスキー、ブロニスワフ･････････････････････126
マルクス、カール ････ 56,60
マルチチュード ････････185
マン、マイケル ････････180
マンハイム、カール ････146

【み】
ミード、ジョージ・ハーバート･････････････････ 44,46
民衆ナショナリズム ････179
民主主義 ･･････････････118
民政管掌範囲の拡大 ････181
民俗･･･････････････････130
民族･･･････････････････132
民俗学 ････････････････130
民族性 ････････････････132

【む】
無意識が織り込まれた空間･････････････････････139
無作為抽出 ････････････207
ムフ、シャンタル ･･････118
群れ････････････････････93

【め】
メディアはメッセージである･････････････････････140

【も】
燃え尽き ････････････････67
モース、マルセル･･････････････ 122,124,215
目的合理的行為 ････････213
モダニズム ････････････156
モダニティ ･･･････ 156,160
モダニティの研究 ･･････216
モニタリング ･･････････217
モノグラフ ･･････････････84

【や・ゆ・よ】
役割演技 ･･････････････200
役割関係 ･･････････････229
役割距離 ･･････････････200
役割取得 ････････････････45
山川均 ････････････････144
柳田國男 ･･････････････130
ヤング、ジョック ････････96
有意味シンボル ･･････････44
有機的社会 ･･････････････25
有機的連帯 ･･････････････24
予言の自己成就 ････････190
予測可能性 ･･････････････75
予定説 ･･････････････････58
世論････････････････････17

【ら】
ライアン、デイヴィッド･･94
ライフコース ････････････39
ライフサイクル ･･････････38
ラドクリフ＝ブラウン、アルフレッド ････････････126
ラベリング理論 ･･････････89

【り】
リースマン、デイビッド･･28
リオタール、ジャン＝フランソワ･････････････････157
リカード、デヴィッド･･･172
理解社会学 ･･････････････12
リキッドモダニティ ････159
リスク社会 ････････････162
理性的啓蒙 ････････････224
立憲君主制 ････････････145
リッツァ、ジョージ･･･ 75,155
理念型････････ 101,210,213
量的調査 ･･････････････207

【る】
類型･･･････････････････211
類的本質からの疎外 ･････57
ルーマン、ニクラス･･････････････ 189,222,224
ルター、マルティン ･･ 58,60
ルックマン、トマス ････202

【れ】
礼拝的価値 ････････････139
レヴィ＝ストロース、クロード･･･････････ 125,128,215
歴史の客観的法則 ･･････145
レギュラシオン学派 ･････70
レギュラシオン理論 ･････69
レッシグ、ローレンス･･･112

【ろ】
労働････････････････････61
労働の人間化 ････････････71
労農派 ････････････････144
ロック、ジョン ･･････････60
ロング、D・H ･･････････49

【わ】
ワース、ルイス ･･････････78
ワシントン大行進 ･･････133
われわれ意識 ･･････････179

【執筆者プロフィール】

堀内　進之介（ほりうち　しんのすけ）
1977年生まれ。現代位相研究所首席研究員。首都大学東京客員研究員ほか。NHK「マイあさラジオ」レギュラーコメンテーター。専門は、政治社会学・批判的社会理論。単著に『人工知能時代を〈善く生きる〉技術』『感情で釣られる人びと』（以上、集英社新書）、『知と情意の政治学』（教育評論社）、共著に『人生を危険にさらせ！』（幻冬舎）、『悪という希望－「生そのもの」のための政治社会学』（教育評論社）ほか多数。

担当キーワード：6, 7, 9, 19, 21, 22, 23, 25, 27, 29, 30, 40, 48, 50, 59, 61, 63, 65, 67, 71, 73, 75, 77, 78, 79, 82, 83, 84, 91, 94, 99, 100

神代　健彦（くましろ　たけひこ）
1981年生まれ。一橋大学大学院社会学研究科博士課程修了、博士（社会学）。京都教育大学准教授。専門は、教育学。共著に『道徳教育のキソ・キホン』（ナカニシヤ出版）、『承認：社会哲学と社会政策の対話』（法政大学出版局）、『悪という希望－「生そのもの」のための政治社会学』（教育評論社）、『統治・自律・民主主義－パターナリズムの政治社会学』（NTT出版）ほかがある。

担当キーワード：8, 13, 28, 35, 37, 38, 39, 44, 72, 80, 92

山本　祥弘（やまもと　よしひろ）
1978年生まれ。聖学院大学非常勤講師。専門は、理論社会学。共著に『システムの社会理論－宮台真司初期思考集成』（勁草書房）、『社会がみえる社会学』（北樹出版）がある。

担当キーワード：2, 41, 42, 43, 45, 46, 47, 49, 51, 52, 53, 54, 55, 57, 58, 60, 62, 66, 69, 70, 74, 76, 81, 85, 86, 93, 95, 96, 97, 98

大河原　麻衣（おおかわら　まい）
1979年生まれ。専門は、文化社会学・観光社会学、開発政治論。共著に『システムの社会理論－宮台真司初期思考集成』（勁草書房）、『統治・自律・民主主義－パターナリズムの政治社会学』（NTT出版）がある。

担当キーワード：1, 3, 4, 5, 10, 11, 12, 14, 15, 16, 17, 18, 20, 24, 26, 31, 32, 33, 34, 36, 56, 64, 68, 87, 88, 89, 90

現代位相研究所（げんだいいそうけんきゅうじょ）

現代社会の多元的な位相を捕捉し、解明し、それを研究成果として世に送り出したいと熱望する研究者たちが集まって設立した研究所。学術的な知見を社会インフラの確立に役立てるため、リサーチに基づいたコンサルティングやマネージングを提供するなど、幅広い分野において活動を行なっている。

詳しくは、http://www.modernphase.com/ を参照されたい。

フシギなくらい見《み》えてくる！

本当《ほんとう》にわかる社会学《しゃかいがく》

2010年4月20日　初版発行

2018年12月1日　第12刷発行

編者　現代位相研究所

発行者　吉田啓二

発行所　株式会社 日本実業出版社　東京都新宿区市谷本村町3−29 〒162-0845

大阪市北区西天満6−8−1 〒530-0047

編集部 ☎03−3268−5651

営業部 ☎03−3268−5161　振替 00170−1−25349

https://www.njg.co.jp/

印刷／壮光舎　製本／共栄社

この本の内容についてのお問合せは、書面かFAX（03−3268−0832）にてお願い致します。

落丁・乱丁本は、送料小社負担にて、お取り替え致します。

ISBN 978-4-534-04705-2 Printed in JAPAN